项目
管理
XIANGMUGUANLI

高等学校项目管理系列规划教材

U0748355

项目范围管理

郭云涛 ◎ 主编

方炜 舒湘沅 ◎ 副主编　　郑曦 高琦 张婵 杨妮花 ◎ 参编

project scope
management

中国电力出版社
CHINA ELECTRIC POWER PRESS

内 容 提 要

本书以编写一本系统反映项目范围管理理论知识与方法的教材为出发点，从策划与实施项目的角度，系统全面地介绍了项目范围管理中各项主要工作与过程阶段的管理知识与方法。本书共分 6 章，包括项目范围管理概述、组织战略与项目管理、项目决策、项目启动与项目目标、项目范围定义与分解以及项目范围控制与验收等内容。

本书体例完整、结构严谨，注重知识的系统性、简明性、实用性和可操作性。书中每章前面都有本章学习目标和引导案例，每章后有复习思考题。

本书既可作为高等学校项目管理专业和工程管理专业项目范围管理课程的教材，也可作为项目管理专业人员的参考用书。

图书在版编目（CIP）数据

项目范围管理 / 郭云涛主编. —北京：中国电力出版社，2014.7（2025.5重印）
高等学校项目管理系列规划教材
ISBN 978-7-5123-5951-2

Ⅰ. ①项⋯ Ⅱ. ①郭⋯ Ⅲ. ①项目管理－高等学校－教材 Ⅳ. ①F224.5

中国版本图书馆 CIP 数据核字(2014)第108586号

中国电力出版社出版、发行

北京市东城区北京站西街19号　　100005　　http://www.cepp.sgcc.com.cn
责任编辑：张爱华
责任校对：林　霞　　　责任印制：钱兴根
北京世纪东方数印科技有限公司印刷 • 各地新华书店经售
2014年7月第1版 • 2025年5月北京第6次印刷
787mm×1092mm　16开本 • 10.75印张 • 179千字
定价：38.00元

《高等学校项目管理系列规划教材》专家委员会

《高等学校项目管理系列规划教材》编写委员会

| 总　序 |

随着市场经济的发展，市场竞争越来越充分，越来越多的企业采用项目的形式开展工作，项目已逐步成为各类企业应对变化和挑战、实现其战略目标的有效途径，成为经济社会发展的助推器。项目管理能力也正在成为企业核心竞争力的重要组成部分。

近年来，我国许多支柱产业和领先行业都引入了项目管理理念和方法，项目管理作为一种通用的管理技术，已被广泛地应用到航空、航天、冶金、煤炭、水利、电力、建工、造船、石化、矿产、机电、兵器、IT、金融、保险、教育及政府部门，获得了瞩目的效率和效益。项目管理的理念、方法及标准已得到政府部门、相关机构和众多企业的认可，各行各业对项目管理人才的需求急剧增加，已纳入 2010~2020 年国家人才规划。杰出的项目管理人才成为组织的高端人才和社会的稀缺资源。

我国项目管理的学位教育近年来的发展也十分迅速，目前已有 200 多所院校设立了工程管理本科专业，在教育部本科专业目录中英文名为 Project Management，即项目管理。2004 年，中央财经大学等院校经国家教委批准，自主设置了项目管理本科专业并正式招生。2004 年 72 所高校正式开办项目管理领域工程硕士专业学位教育以来，我国项目管理学位教育发展更为迅猛。项目管理领域工程硕士的报考人数和录取人数迅速跃居全国 40 余个工程硕士专业的第一位。目前全国已经有 161 所高校具有项目管理领域工程硕士培养权，每年招生 1 万余人。

2006 年 7 月，经全国自学考试办公室批准，福建省和天津市分别开设了高等教育自学考试项目管理专业（独立本科段），分别由福州大学、厦门大学和天津理工大学担任主考学校，并对合格者授予项目管理学士学位，使项目管理本科学位教育又向前迈进了一步。

为适应我国社会经济发展的需要，满足社会各行各业对具有国际视野的应用型项目管理专业人才不断增长的迫切要求，促进我国项目管理专业教育体系的建设与完善，从 2010 年起，中国（双法）项目管理研究委员会（PMRC）与北京项目管理协会联合，共同向北京市高等教育自学考试办公室申报并组织开办了与国际项目管理专业资质认证体系（IPMP）相结合的高等教育自学考试项目管理专业（专科、独立本科段）项目。该项目的特色是"学历证书和从业资格证书"相结合，学生毕业时既能取得国家承认的、由中央财经大学作为主考学校的高等教育自学考试学历证书，同时成绩合格者又能取得相应级别的、由中国（双法）项目管理研究委员会引进的国际项目管理专业资质证书。开考三年多来，报考已近万人次。在北京试点成功后，考试将陆续在河北等其他省市展开。

为了规范高等教育自学考试项目管理专业考试，满足其持续发展的需求，提高教学及考试质量，我们设立了"高等教育自学考试项目管理专业专家委员会"和"高等学校项目管理系列规划教材编写委员会"，就高等教育自学考试项目管理专业建设、教学与考试标准、题库建设、教材建设等进行研讨和规划。本系列教材共有 12 册，面向项目管理的本科学位教育，同时兼顾其他项目管理学历和学位教育的需要。

本系列教材的突出特点是与国际项目管理资质认证标准的融合，注重理论与实务相结合，既有基础理论及知识体系的阐述，又有案例、方法的解读与点评。本系列教材难度适中，能同时满足工科与非工科背景考生的学习和备考需求。教材每章后均配有多种题型的练习题，这些练习题与考试题型保持一致，以方便考生的学习和掌握。

本系列教材的编写委员会由国际项目管理专业资质认证辅导与评估专家、高等学校项目管理学位教育负责人和具有丰富的项目管理教学经验的教师组成，因而教材内容充分体现了与国际接轨的要求。

项目管理是一门发展迅速的学科，其理论、方法、体系、应用等方面还在不断发展与完善之中，加之专业的局限性和写作时间限制，本系列教材定会有其不足之处，敬请广大项目管理专业师生与考生在教学和学习备考过程中提出宝贵意见和建议，并及时反馈给我们，以便我们能够及时对教材进行修订与完善，也便于我们不断提高教材质量，更好地为项目管理专业的广大师生服务。

中国（双法）项目管理研究委员会副主任兼秘书长

西北工业大学国际项目管理研究院副院长

高等学校项目管理系列规划教材编委会主任

　　项目管理作为一种管理变化和"一次性"创新型任务的有效方法，已经广泛应用于越来越多的组织中。项目已成为实现组织战略目标的基本单元，按项目进行管理也成为管理变革的趋向。策划满足利益相关者需求的项目，是项目成功的前提。项目需求决定项目范围，项目范围管理是成功项目管理的核心基础。因此，明确需求、谋划项目方案、确定项目目标、弄清楚项目的范围是成功项目管理的保障。在项目管理知识体系的十大要素中，项目范围管理是进行时间、费用等其他项目要素管理的基础。在项目实施过程中，项目范围变更是最常见的也是最容易发生的，同时项目工期、费用等要素的变更往往是由范围的变化而造成的。项目范围管理是进行项目管理的首要任务，是项目管理的起点。项目范围管理的水平决定了项目管理的成败。

　　科学的项目范围管理，对于项目的成功十分关键。项目范围管理作为项目管理的重要职能要素之一，作用重大。在一般的项目管理书籍中都有关于项目范围管理的阐述，但是将项目范围管理作为独立的一本教材，不仅在在国内很难找到，在国外也很少见到。基于此，写作出版一本系统阐述项目范围管理的书籍就具有重要意义，这也是编写本书的主要目的和价值所在。

　　本书以编写一本系统反映项目范围管理理论知识与方法的教材为出发点，从策划与实施项目的角度，系统全面地介绍了项目范围管理中各项主要工作与过程阶段的管理知识与方法。本书共分6章，第1章为项目范围管理概述，主要介绍项目范围、项目范围管理的定义，项目范围管理的作用与意义，项目范围管理的基本原则与主要工作；第2章为组织战略与项目管理，主要介绍战略管理、项目与组织战略、项目组合管理与组织战略之间的关系；第3章为项目决策，主要介绍需求识别与项目识别，项目构思与项目选择；第4章为项目启动与项目目标，主要介绍如何进行项目启动、如何确定项目目标以及项目章程；第5章为项目范围定义与分解，主要介绍项目范围管理的规划、项目范围定义、项目范围分解、工作责任分配矩阵的建立，并对工作分解结构方法进行了详细介绍，给出了一些典型工作分解结构示例；第6章为项目范围控制与验收，主要介绍项目范围控制，项目范围验收的依据基准、工具与技术以及流程与成果等。本书每章都有本章学习目标和引导案例，以帮助读者快速了解本章的主要内容、应掌握的知识点。另外，每章后面都安排了复习思考题，题型多样，有利于读者总结归纳所学知识，巩固对本章内容的吸收和理解。

本书内容全面，结构严谨，实用性强，突出对基本理论、基本技能的掌握和应用能力的培养。

本书由西北工业大学管理学院郭云涛副教授担任主编，方炜副教授、舒湘沅副教授担任副主编。其中第1章由郭云涛编写，第2章由郭云涛、郑曦编写，第3章由舒湘沅、杨妮花编写，第4章由舒湘沅、高琦编写，第5章由方炜、张婵编写，第6章由方炜编写。西北工业大学管理学院研究生陈志、杨少廷、苗琳、梅万明、许亚玲参与了本书书稿的整理工作。西北工业大学管理学院白思俊教授从书稿的框架目录到内容都给予了很多指导，并对书稿进行了审定，在此表示十分感谢！

本书在编写过程中参阅了大量资料及有关人员的研究成果，其中许多有益的内容对完成本书的编写帮助很大，在此对他们表示衷心的感谢。

由于编者水平有限，疏漏之处在所难免，敬请广大读者批评指正。

编　者

| 目　录 |

总序

前言

第 1 章 | 项目范围管理概述　　　　　　　　　　　　　　1

　1.1　项目范围管理的定义　　　　　　　　　　　　　　3

　　1.1.1　项目范围　　　　　　　　　　　　　　　　3

　　1.1.2　项目范围管理　　　　　　　　　　　　　　4

　1.2　项目范围管理的作用与意义　　　　　　　　　　　4

　1.3　项目范围管理的基本原则与主要工作　　　　　　　5

　　1.3.1　项目范围管理的基本原则　　　　　　　　　5

　　1.3.2　项目范围管理的主要工作　　　　　　　　　7

　复习思考题　　　　　　　　　　　　　　　　　　　　8

第 2 章 | 组织战略与项目管理　　　　　　　　　　　　　11

　2.1　战略管理概述　　　　　　　　　　　　　　　　　13

　　2.1.1　战略的起源与定义　　　　　　　　　　　　13

　　2.1.2　战略的层次　　　　　　　　　　　　　　　15

　　2.1.3　战略管理的定义与作用　　　　　　　　　　19

　　2.1.4　战略管理的过程　　　　　　　　　　　　　21

2.2 项目与组织战略之间的关系 23

2.2.1 项目是实现组织战略目标的载体 23

2.2.2 项目已成为组织生存与发展的一种方式 25

2.2.3 项目与项目管理对组织的益处 27

2.3 项目组合管理与组织战略之间的关系 31

2.3.1 项目组合的定义 31

2.3.2 项目组合管理的特点 32

2.3.3 项目组合管理的益处 33

2.3.4 项目组合构建 34

2.3.5 项目组合管理和组织战略的关系 35

复习思考题 36

第 3 章 | 项目决策 39

3.1 需求识别 40

3.1.1 收集需求 41

3.1.2 需求识别的过程 42

3.1.3 需求建议书 43

3.2 项目识别 46

3.2.1 项目识别的概念 46

3.2.2 需求识别与项目识别的关系 47

3.2.3 项目各参与方的需求识别与项目识别 47

3.3 项目构思 49

3.3.1 项目构思的内容 50

3.3.2 项目构思的过程 50

3.3.3 项目构思的方法 51

3.4 项目选择 53

3.4.1 项目选择的过程 54

3.4.2 项目建议书 60

复习思考题 64

第 4 章 | **项目启动与项目目标**   **68**

  4.1   项目启动   **70**

    4.1.1   项目启动的依据   **71**

    4.1.2   项目启动的过程   **72**

    4.1.3   项目启动的方法   **73**

    4.1.4   项目启动的结果   **74**

  4.2   项目目标   **75**

    4.2.1   项目目标概述   **75**

    4.2.2   项目目标之间的平衡关系   **78**

    4.2.3   项目目标的确定   **79**

    4.2.4   里程碑计划及其制订   **84**

  4.3   制定项目章程   **86**

    4.3.1   项目章程   **86**

    4.3.2   项目章程的编写过程   **87**

    4.3.3   编写项目章程的意义   **89**

  复习思考题   **90**

第 5 章 | **项目范围定义与分解**   **93**

  5.1   项目范围管理规划   **95**

    5.1.1   项目范围管理规划的依据   **96**

    5.1.2   项目范围管理规划的工具与技术   **97**

    5.1.3   项目范围管理规划的结果   **98**

  5.2   项目范围定义   **99**

    5.2.1   项目范围定义的依据   **100**

    5.2.2   项目范围定义的工具与技术   **100**

    5.2.3   项目范围定义的结果   **102**

  5.3   项目范围分解   **103**

    5.3.1   项目范围分解的依据   **104**

    5.3.2   项目范围分解的工具与技术   **104**

    5.3.3   项目范围分解的结果   **106**

5.4　WBS 的制定 108

　　5.4.1　WBS 概述及相关术语 108

　　5.4.2　WBS 的创建原则 111

　　5.4.3　工作分解的方法 111

　　5.4.4　运用 WBS 对项目工作分解的方法 113

　　5.4.5　运用 WBS 进行工作分解的步骤 117

　　5.4.6　WBS 的作用 121

　　5.4.7　WBS 建立应注意的问题 123

　　5.4.8　典型 WBS 应用示例 124

5.5　工作责任分配矩阵的建立 128

　　5.5.1　工作责任分配矩阵简介 128

　　5.5.2　工作责任分配矩阵的制定 129

　　5.5.3　工作责任分配矩阵示例 130

复习思考题 131

第 6 章 ┃ 项目范围控制与验收 136

6.1　项目范围控制 137

　　6.1.1　项目范围变更的原因 138

　　6.1.2　项目范围变更控制的原则 139

　　6.1.3　项目范围控制的依据 140

　　6.1.4　项目范围控制的工具与技术 140

　　6.1.5　项目范围控制的结果 142

　　6.1.6　项目范围变更控制的流程 144

6.2　项目范围验收 145

　　6.2.1　项目范围验收的依据与基准 146

　　6.2.2　项目范围验收的流程 148

　　6.2.3　项目范围验收的工具与技术 149

　　6.2.4　项目范围验收的结果 151

复习思考题 152

参考文献 157

第1章

｜ 项目范围管理概述

本章学习目标

本章首先介绍项目范围和项目范围管理的含义，然后论述了项目范围管理在项目管理工作中的作用及意义，最后介绍了项目范围管理的基本原则与主要工作，包括项目选择决策、项目启动、项目范围规划、项目范围定义、项目范围控制及项目范围验收。

重点掌握：项目范围管理的主要工作。

一般掌握：项目范围和项目范围管理的含义。

了解：项目范围管理在项目管理工作中的作用及意义。

引导案例

范围决定成败

君陆公司的孙强最近心里很烦。公司前一段签了一个 100 多万元的系统集成项目的订单，由于双方老板很熟，且都希望项目尽快启动，因此就简单拟定并签署了合同，在签合同时也没有举行正式的签字仪式。合同签完，公司张总很快指定孙强及其他 8 名员工组成项目组，由孙强任项目经理。张总把孙强引见给客户老总，并叮咛他一定要尊重客户，充分满足客户需求。客户老总在业务部给他们安排了一间办公室，项目就正式开始了。

孙强凭借自己丰富的经验，使项目进展得比较顺利。很快软件系统完成了，但在给客户老总进行演示时，客户老总非常不满意，说系统的功能、模块、风格等与当初说定的不一样，并让孙强去查看合同并询问张总。然而，合同中关于项目可交付成果和客户对项目的要求等条款较少，叙述也较模糊。迫于进度的压力，孙强就想与客户老总及相关部门人员就项目进行重新的讨论界定，但客户老总经常不在公司，孙强只能通过电话与其就项目情况进行沟通。可是客户老总的想法越来越多，项目要求经常是朝令夕改，孙强被弄得不知所措。同时，项目组内部问题也层出不穷：由于客户要求变更的地方越来越多，程序员疲于应付，往往直接修改程序而不做任何纪录，很多相关文档也没有修改。很快孙强就发现，需求、设计和代码无法保持一致，甚至没有人能说清楚系统"到底改成什么样了"。版本管理也非常混乱，很多人违反配置管理规定，直接在测试环境中修改和编译程序。但在进度的压力下，他也只能装作不知此事。但因频繁出现"改好的错误又重新出现"的问题，客户老总已经明确表示"失去了耐心"。而这还只是噩梦的开始，一个程序员未经许可擅自修改了核心模块，造成整个系统的运行异常缓慢，大量应用程序超时退出。虽然经过 3 天时间问题最终被解决，但客户却投诉了，表示"无法容忍这种低下的项目管理水平"。更糟的是，因为担心系统中还隐含着其他类似的错误，客户老总对项目的质量也疑虑重重。孙强郁闷极了，不明白自己究竟错在哪里。

【案例点评】本案例是一个典型的"范围不清、需求不明"的例子，在合同条款简单模糊的情况下，作为项目经理的孙强没有对客户的需求、项目的主要工作以及项目的可交付成果等进行进一步的分析确认，没有围绕确定的项目目标进行项目范围规划，建立项目工作分解结构。在未与客户达成一致的情况下，就开始了项目的实施，造成了过多的项目需求变更。在实施过程中，没有建立项目范围变更控制的管理流程，造成了项目的混乱。项目范围管理是开展项目管理的首要工作，是进行时间管理、费用管理等其他职能管理的基础，在项目一开始，项目经理就必须明确项目目标，定义项目范围，建立项目工作分解结构，与项目利益相关者进行沟通取得一致意见，并设计项目范围变更控制的方案来控制项目范围。因此，项目范围管理水平决定了项目的成败。

1.1 项目范围管理的定义

一个项目组织要想成功地完成某个项目，必须围绕目标开展一系列的工作或活动，这些必须开展的工作或活动构成了项目的工作范围。项目管理的首要工作就是进行项目范围管理。通过项目范围管理过程，项目组织可以把业主的需求转变成对项目可交付成果的定义（项目可交付成果可以是产品、服务、要实现的具体目标或要达到的目的），再进一步把项目可交付成果的定义转化成对项目工作范围的说明。通过项目范围管理可以把客户的需求和项目的工作联系在一起，因此项目范围管理是项目管理最重要的功能要素，也是最难做的一件工作，项目团队在项目范围管理方面的水平直接影响到项目的成功与否。

1.1.1 项目范围

在项目环境中，一般项目范围包括项目的产品（产出物）范围和工作范围。

（1）产品范围——某项产品、服务或成果所具有的特性和功能。

（2）工作范围——为交付具有规定特性与功能的产品、服务或成果而必须完成的工作。

上述项目范围的定义包含如下三层含义。

（1）所确定的工作范围是充分的。

（2）工作范围不包括那些不必要的工作。

（3）工作范围规定要做的工作能够实现预定的项目目标。

项目范围的定义要以其组成的所有产品或服务的范围界定为基础，这是一个由一般到具体、层层深入的过程。即使一个项目可能是由一个单一产品或服务组成，但是产品或服务本身又包含了一系列要素，每一要素又有其各自的组成部分，每个组成部分又有其各自独立的范围。例如，一个新的电话系统一般包括四个组成部分——硬件、软件、培训和实施。

一般来讲，产品范围的定义就是对产品要求的度量，它是根据客户的需求来进行的，而工作范围的定义在一定程度上是产生项目计划的基础；产品范围的完成是对照产品要求来进行衡量的，而工作范围的完成是对照项目计划来进行衡量的。二者共同构成一个项目的范围。产品范围和工作范围的良好结合，可以确保项目目标的实现并获得项目的最终可交付成果。

1.1.2　项目范围管理

通俗地讲，项目范围管理就是对项目包括什么与不包括什么的定义与控制过程。这个过程用于确保项目利益相关者对项目的可交付成果以及生产这些可交付成果所进行的工作有一个共同的理解，并确保项目包含了所有要做的工作而且只包含了这些工作。

项目范围管理实质上是一种功能管理，它是对项目产品范围和工作范围进行全面识别、定义、确认和控制的管理过程与活动。项目范围管理主要就是保证项目利益相关者在项目要产生什么样的可交付成果方面达成共识，也要在如何产生这些可交付成果方面达成一定的共识。

通常，一个项目的可交付成果既包括产品和服务的主体部分，也包括其辅助部分等多个部分，这些部分之间彼此独立又相互关联，相互依赖，所以在项目范围管理中必须按照它们之间的配置关系，将它们作为一个整体进行管理。项目的工作范围既包括产生项目产出物的业务工作，又包括管理工作和一些辅助工作，所以项目范围管理要统筹考虑所有工作，确保项目范围包括了实现项目目标的所有必须的工作。

1.2　项目范围管理的作用与意义

1. 项目范围管理的作用

项目范围管理在项目管理中的作用具体体现在如下方面。

（1）为组织选择和启动项目提供决策。项目是定义、策划出来的。通常，组织为了解决面临的问题或由于发展的需要，会定义、策划一系列项目，来满足其需求，达到其目的。然而面对一系列项目和项目方案，到底决定做哪个项目，选择什么样的项目方案，组织需要考察其战略计划，根据资源条件和环境状况作出决策。所以项目范围管理的首要工作就是决定做哪个项目。

（2）为项目实施提供范围的框架。项目范围管理最重要的作用就是识别和确认项目的产出物和工作范围,明确定义出为了实现项目目标哪些是必须做的工作,哪些是不必要、不该做的工作,为项目实施提供一个范围的边界和框架,并通过这个边界和框架去规范项目团队的行动。在理清了项目工作范围和条件之后,可以让人们减少不必要的工作,放弃各种不切合实际的想法。

(3)提高资金、时间、人力和其他资源估算的准确性。明确项目的具体工作内容以后,项目组织就可以依据各项具体工作来估算所需的时间、资金、人力以及其他资源,同时还可以确定项目在何时需要什么样的资源,这样对项目整体和各项工作的需求估计就准确多了。

(4)确定进度、成本测量和控制的基准,便于对项目的实施进行有效的控制。项目范围是项目计划的基础,项目范围一旦确定,就为确定项目进度基准、成本基准奠定了基础,从而使得项目团队在项目实施过程中可以采用挣值法等方法更有效地控制项目,在出现偏差时及时采取相应的纠偏行动。

(5)有助于清楚地分派任务。项目范围一旦确定,项目的具体工作任务也就确定了,采用责任分配矩阵可以很容易地将每项任务落实到具体部门或个人。

2. 项目范围管理的意义

项目范围管理在项目管理工作中有重要的意义,具体如下。

(1)项目范围管理是所有项目管理工作的平台和基础。作为项目管理十大知识领域之一,项目范围管理可以说是其他领域管理的基础,只有做好了项目范围管理才能进行项目时间、成本、人力资源、风险等方面的管理。

(2)项目范围管理是连接项目工作和项目前期设计过程的枢纽。项目设计的所有要素都必须体现在对项目的范围管理过程中,进而在项目的其他管理行为中体现出来。

(3)项目范围管理是联系项目及其外部环境的桥梁。所有项目外部环境的变化对项目的影响、项目自身变化对外部环境的影响都会在项目范围管理中体现出来。

1.3　项目范围管理的基本原则与主要工作

1.3.1　项目范围管理的基本原则

作为项目管理的基础管理功能,项目范围管理的水平直接影响项目的成败。把握好项目范围管理的基本原则能够使项目团队以不变应万变,达到事半功倍的效果。

项目团队在进行项目范围管理时应把握以下基本原则。

1. 明确责任

把项目产品进行结构化分解，可以确定做哪些工作可以得到这些组成部分，并最终可以组合成项目可交付成果。这种方法是基于系统化的分解技术，而不是拍拍脑袋就能想出来的。通过结构化分解可以将项目分解成一个个可以界定的工作单元，对这些工作单元进行管理控制是比较容易的。

项目组织结构与项目的分解结构有着密切的关系，可以把某个项目的工作单元与个人或者团队联系在一起，使他们一对一地单点负责每一个项目工作单元，负责成功地对该工作单元交付出相应的交付物。

2. 注重结果

项目中采用的最主要的分解结构是产品分解结构（Product Breakdown Structure，PBS），它把项目产品分解成部件。项目计划是以项目的最终结果（或者称之为项目产品、项目的最终交付物）为核心的。也就是说，我们看待项目结果重于看待所做的工作（实现方式）。这样编制的计划是牢固的，也是灵活的，因为它能够保证最终结果的实现并且没有对如何实现每一个部件乃至整个项目产品做出死板的限制。另外，注重结果有利于更好地控制项目范围，因为在明确了项目产品分解结构之后，就能够只做那些与实现最终项目产品有关的工作。以工作为核心编制计划、定义工作，虽然看上去很好，但实际上它不能产生有用的结果。

3. 把握平衡

项目高层的计划应确保项目整体上对各个方面的工作的重视程度是平等的，需要综合考虑项目中的技术工作以及对人、管理体系、组织带来的挑战，确保他们能够与项目的目标相适应。

4. 保持简单

项目范围管理的各项工作应尽量清晰、简单，复杂的管理流程会使项目团队成员无所适从，从而降低工作效率。例如，在进行工作分解结构（Work Breakdown Structure，WBS）时并非工作分解结构中所有的分支都必须分解到同一水平，各分支中的分解原则可能会不同，应根据项目的规模、类型与工期，估算的目的，对有效控制的要求，尽量简单地确定各分支的分解层数。

1.3.2　项目范围管理的主要工作

根据项目范围管理的定义和作用，项目范围管理的工作主要包括：项目选择决策、项目启动、项目范围规划、项目范围定义、项目范围控制和项目范围验收，如图 1-1 所示。

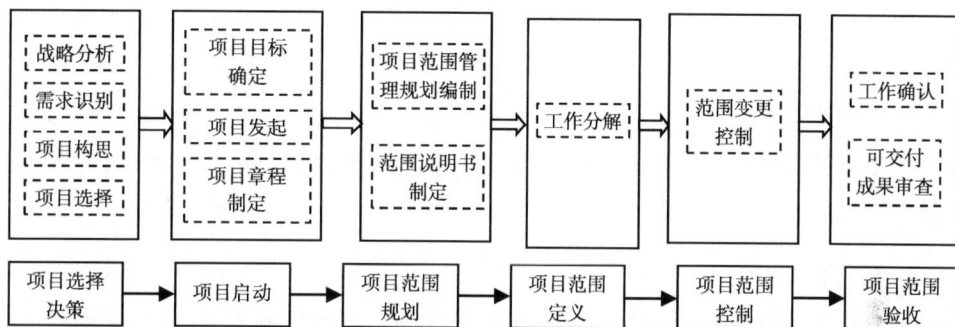

图 1-1　项目范围管理的主要工作示意图

1. 项目选择决策

项目是实现组织战略目标的基本单元。面对激烈的市场竞争和快速变化的环境，组织通过成功的策划、实施使一个又一个项目获得生存和发展空间。当组织面临问题或发展的要求时，总是根据组织战略目标，通过对现状的分析，识别出具体需求，定义能够满足需求的项目，策划项目方案，通过方案的比选评估，确定实施的项目及项目方案。项目选择决策是项目和项目管理的开始，也是项目范围管理的首要任务。只有确定了正确的项目，才能进行项目的计划、实施等后续工作。项目选择决策的主要内容有：战略分析、需求识别、项目构思、项目选择等。

2. 项目启动

经过项目选择决策后，确定了项目，接下来就要正式启动项目，开始项目的实施。由于项目具有一次性和临时性等特点，为了给项目的顺利实施创造一个良好的内外部环境，避免因狂热启动而造成失败，那么在项目启动阶段就要为项目做好各种准备，将项目目标具体化，预计资源需求，锁定利益相关者，明确项目利益相关者在项目上的角色和义务，任命项目经理，组建项目团队，核准项目，制定项目章程，组织正式承认项目的存在并授权项目经理可以使用组织资源来完成项目活动，为后续项目的顺利实施奠定基础。

3. 项目范围规划

项目范围规划就是根据项目目标、项目章程等要求，规划项目范围管理，编制项目范围管理计划，确定项目范围，并编写项目范围说明书。

4. 项目范围定义

项目范围定义，即细分，是指根据项目范围管理规划和项目范围说明书，全面识别项目可交付成果和项目的工作范围，将项目范围说明书中描述的项目主要可交付成果，按照一定的结构层次，进一步分解为更小、更加便于控制和管理的部分，建立项目工作分解结构，形成项目工作分解结构字典、详细项目范围说明书等项目范围管理文件。

5. 项目范围控制

项目范围控制是指项目利益相关者确认和接受了项目范围，在项目实施过程中，对由于项目实施偏差所造成的项目范围变更或由于项目利益相关者的主观要求所造成的项目范围变更所做的度量、评估和处理等各种控制工作。项目范围控制贯穿于项目的全过程。

6. 项目范围验收

项目范围验收，又称范围确认，是指项目利益相关者对已完成的项目的整体范围或项目阶段范围和相应的可交付成果进行正式验收的过程。项目范围验收的主要内容有：审核项目范围界定工作的结果，确保所有的、必需的工作都包括在项目工作分解结构中，一切对项目目标无贡献的工作均不包括在项目范围中，保证项目范围的准确；对项目或者项目各个阶段所完成的可交付成果进行检查，审核项目是否按计划或者超计划完成。

复习思考题

一、判断题

1. 一般项目范围包括项目的产品范围和工作范围。　　　　　　（　　）
2. 项目范围管理不必考虑实现项目目标的所有必须的工作。　　（　　）
3. 项目中通常采用 WBS。　　　　　　　　　　　　　　　　（　　）
4. 项目范围管理的工作主要包括：项目选择决策、项目授权、项目启动、项目范围规划、项目范围定义、项目范围控制和项目范围验收。（　　）

5. 挣值法是项目范围管理中一种常用的方法。 （　　）

二、单选题

1. 项目范围管理中最主要采用的分解结构是（　　）。

    A. WBS   B. OBS

    C. PBS   D. RBS

2. 项目范围管理实质上是一种（　　）。

    A. 目标管理   B. 功能管理

    C. 人本管理   D. 系统管理

3. 以下不属于项目选择决策的是（　　）。

    A. 需求识别   B. 项目构思

    C. 项目选择   D. 项目发起

4. 以下不属于项目范围管理的基本原则的是（　　）。

    A. 采用产品分解结构将项目产品分解成部件

    B. 项目范围管理的各项工作应尽量简单

    C. 尽量提高资金、时间、人力和其他资源估算的准确性

    D. 通过分解结构对结果进行平衡

5. 项目管理的首要工作是（　　）。

    A. 项目综合管理

    B. 项目范围管理

    C. 项目风险管理

    D. 项目人力资源管理

三、多选题

1. 项目范围一般包括（　　）。

    A. 产品范围   B. 成果范围

    C. 职能范围   D. 工作范围

2. 项目范围的定义包含的含义有（　　）。

    A. 所确定的工作范围是充分的

    B. 工作范围不等同于产品范围

    C. 工作范围不包括那些不必要的工作

    D. 工作范围规定要做的工作能够实现预定的项目目标

3. 以下属于项目范围管理在项目管理中的作用的是（　　）。

    A. 为项目实施提供范围框架

    B. 确定进度、成本测量和控制的基准

    C. 有助于清楚地分派任务

    D. 为组织选择和启动项目提供决策

4. 项目启动包括（　　）。

    A. 项目目标确定

    B. 项目发起

    C. 项目章程制定

    D. 组建团队

5. 以下能够体现项目范围管理在项目管理工作中具有重要意义的是（　　）。

    A. 项目范围管理是联系项目工作和项目后期验收过程的枢纽

    B. 项目范围管理是所有项目管理工作的平台和基础

    C. 项目范围管理是连接项目工作和项目前期设计过程的枢纽

    D. 项目范围管理是联系项目及其外部环境的桥梁

四、思考题

1. 产品范围与工作范围有什么区别与联系？

2. 项目选择决策是什么？它的主要内容有哪些？

3. 项目范围验收指的是什么？它包括哪些方面？

第 2 章

| 组织战略与项目管理

本章学习目标

本章首先介绍战略的起源与定义、战略的层次以及战略管理的定义和过程，然后阐述项目与组织战略之间的关系，最后介绍项目组合的定义、项目组合管理的特点与益处、项目组合的构建与范围以及项目组合管理和组织战略之间的关系。

重点掌握：项目与组织战略间的关系。

一般掌握：项目组合管理与组织战略间的关系。

了解：战略管理的定义、作用及过程。

引导案例

AT&T 公司经营发展中的项目管理

随着全球经济一体化和通信技术的日新月异，大市场正在逐渐消失。面对日益增长的顾客的个性化、多样化的需求，1989 年 AT&T 公司开始调整战略，重新组合公司业务，将公司分为 19 个战略单元，实行客户需求的"订单式"服务，在公司内部生产经营系统中，小批量的设计生产与服务开始盛行。同时为了支撑公司全球业务发展的需要，将项目的观念渗透到包括市场、设计、生产、工程以及质量管理、人力资源管理创新、组织变革、业务管理等领域，尝试做行业项目管理的领先者。

AT&T 公司变革了组织结构形式，形成了以项目团队为核心组织结构，公司的行政、职能部门均是项目系统的支持机构。每个团队都有高度的自治权和高度的责任感，他们可以自己作出暂停和休假计划，当团队中某一成员缺席时，他们可以自己重新分配工作。这些团队同样也参与决策，并且对很多任务负有责任，包括质量控制、生产计划、制定工作程序、维修装备和下达供应任务。公司制定了项目管理标准，建立了分级、分类管理的完整的项目管理体系，发展了项目管理职业发展道路，规定：项目管理成员，接受 6 个月的项目管理岗位培训；成本/进度分析工程师，担任 6~18 个月的项目经理助理，直接向项目经理汇报；现场经理，做 6~12个月的现场经理，负责一个大型的现场，向大项目经理汇报；小项目经理，独立负责一个 100 万美元~300 万美元的项目；项目经理，负责一个 300 万美元~2 500万美元的项目；大项目经理，负责一个长达数年超过 2 500 万元美元的项目。这样树立了项目管理的职业荣誉感。

经过几年的运行，项目管理在 AT&T 公司深入人心，项目管理组织遍布全球，包括总部的行政管理人员在内也参与到了全球的项目经理群组中，管理着从 100 万美元到上亿美元规模不等的大大小小的项目。项目成为实现企业战略的基本单元，项目管理成为最适合公司的运营方式。

【案例点评】企业作为一种长期性的组织，都有其长远的战略目标，这是企业面对激烈变化、严峻挑战的环境，为求得企业长期的生存和不断发展而进行的总体性谋划。运作只是维持企业日常的运转，并不能促进企业的发展，企业的战略目标需要细化为一个个不同的一次性的任务来实现，即通过具体的项目来实现；运作给企业带来量变，而项目可以促使企业产生质变。项目是实现企业战略目标的载体。

AT&T 公司在面临新的挑战和机遇时，毅然选择了以项目为基本单元来实现企业的战略，采用项目管理的方式来实现企业的经营运作，成功实现了企业的可持续发展。

2.1　战略管理概述

2.1.1　战略的起源与定义

1. 战略的起源

"战略"在我国是一个古老的词汇，意为战争的策略。早在春秋末年，我国第一部编年体通史——《左传》就已出现了战略一词。《左传》中的战争思想，包括战争的本质观、战争与国家治乱的关系、民心向背与战争胜负的关系、战略思想等各个方面。到了战国时期，战略已广泛应用于军事领域，著名军事家孙武的《孙子兵法》更被公认为是有关战略的第一本著作，其中囊括了从战略分析、战略设计到战略选择的全过程。

在西方，"战略"这个词是从希腊词汇"strategos"中衍生出来的，由"军队"和"领导"这两个词合成，意指指挥军队的艺术和科学。公元 579 年，东罗马皇帝毛莱斯（Maurice）写了一本名为《战略》（Strategicon）的书，这本书被认为是西方第一部战略著作，而法国人基尔特（Guild）1772 年写的《战略通论》则首次提出了战略的概念，书中区分了"大战术"与"小战术"的概念，"大战术"相当于今天所说的战略。德国军事理论家和军事历史学家克劳塞维茨（Clausewitz）的《战争论》被认为是继《孙子兵法》后的又一部军事战略巨著。他在其著作中提出：战略是为了达到战争的目的而对战斗的运用。并进一步指出，战略必须为整个军事行动规定一个适应战争目的的目标。此外，19 世纪瑞士人约米尼（Jomini）著有《战略艺术》一书，他在书中提出：战略是在地图上进行战争的艺术，它所研究的对象是整个战场。

从中西方战略的起源来看，"战略"一词源自军事方面的概念，强调作战的谋略与战术。它解决的是某项具体战事中敌我实力的分析、战地的形势、兵力的部署、应敌的策略以及所要达到的目标等。

2. 战略的定义

最早把战略的思想引进企业经营管理领域的是美国的管理学家切斯特·巴纳德（Chester Barnard）。为了说明企业组织的决策机制，他开始运用战略思想对企业诸因素及它们相互之间的影响进行分析。从"战略"在我国的起源与发展历程来看，"战略"意为战争的策略。然而，从不同的角度分析，不同的人又给出了各不相同的定义。阿尔弗雷德·钱德勒（Alfred Chandler）在《战略和结构》一书中指出：战略是长期目的或企业目标的决策，行动过程中的选择，实现目标所需资源的分析。詹姆斯·布莱恩·奎因（James Brian Quinn）则认为：战略就是将一个组织的主要目标、政策和行动过程整合为一个整体的方式或计划。一个明确的战略有助于组织根据自己的相对优势和劣势、预期的环境变动以及竞争对手的策略来规划和配置资源。虽然这是有关战略的最基本的定义，但这些定义只是简单地将战略等同于计划，没有全面地认识战略的内涵。实际上，战略不仅仅是一种计划，按照亨利·明茨伯格（Henry Mintzberg）的观点，战略还是模式、定位、观念和策略。根据亨利·明茨伯格的总结，有关战略的本质在某些一般领域内有着一致的观点，即战略与组织、环境有关系；战略的本质是复杂的；战略影响着组织的整体利益；战略包括各种不同的思想过程等。

根据以上分析，可以将战略定义为：组织为了实现其使命或长期目标，在与环境的互动中所展开的决策行为、采用的行动模式或遵循的基本观念。组织与环境的互动，意味着组织首先对自身进行行业定位。组织的决策行为既可以是深思熟虑的，也可以是即时反应的；既可以是详细的计划制订，也可以是针对特定问题的策略。

战略的内涵决定了其本身具有方向性、整体性、个体差异性和一致性等特点，并且这些特点是战略优势的重要表现。

（1）方向性。战略的方向性体现在两个层面上：一是战略目标的明确性，二是战略行动的方向性。战略目标代表了长期性的前进方向，即未来 3~5 年或者更长时间内，组织应该朝什么方向走，应该在规模、资源、竞争力等方面达到什么状况。战略行动则是指战略管理中的具体行为，战略的存在使行动变得更加明确，更加有方向，使每一个员工知道工作该如何开展。战略为组织绘制了航线，使组织可以始终朝着明确的方向前进，并平稳地行驶在市场竞争环境中。

（2）整体性。战略的整体性不仅强调组织成员的集体努力和行动的协调性，而且强调资源的整体性利用和跨部门整合。同时，组织的价值创造活动必须始终以企业整体为出发点，考虑整体价值的最大化。战略的整体性特点使组织各方能够很好地凝聚在一起，不至于因为利益的分歧或沟通不善而使组织表现出松散的局面。当某个部门或某个员工需要协作时，其他部门或员工能够主动给予协助，从而确保企业价值最大化。

（3）个体差异性。不同的企业会采取不同的战略，并且这些战略往往与企业的文化、组织观念、愿景与使命息息相关，通过战略识别即可理解不同组织的行事方式。一般来说，以技术创新为发展手段的企业往往选择差异化竞争战略，劳动密集型的传统产业中的企业往往趋向于低成本竞争战略，而服务型的企业则偏向于选择更能让顾客满意的战略。然而，过分清晰的战略描述也就意味着过于简单的发展模式，往往使企业不能够提高组织体系的丰富性。有时候，这种差异性会导致战略的模式化，不利于组织随着环境的变化适时调整战略，可能使企业丧失市场机会。

（4）一致性。战略犹如高度概括性的理论，能够简化整个世界的认识结构，并催生更加快捷的组织行动模式。一方面，战略往往通过简洁明了的语言来表达企业行动的目的、方向以及相应的策略，使组织各方都统一于这一战略陈述；另一方面，战略提供了有关组织存在意义的理念和认识，具有高度的凝聚力。从这个意义上看，战略表现出了一致性，即减少了模糊性，提供了有序性。特别是对于成长初期的企业，利润水平较低，通过战略陈述能够提高组织的战斗力，使组织的各种力量汇集在一起。

2.1.2　战略的层次

总的来说，企业的战略层次包括公司层战略、业务层战略和职能层战略。

1. 公司层战略

公司层战略又称为企业总体战略，它代表了公司最高管理层为企业制定的长期目标和发展方向。企业总体规划、经营业务范围与业务组合、不同业务之间的比例、未来业务发展方向等都需要在公司层战略中确定。公司层战略是涉及企业经营发展全局的战略，业务层战略、职能层战略的开展，都必须以公司层战略为根本指导和依据。公司层战略主要包括以下内容：一是决定企业的业务组合和核心业务，这是公司层战略的首要任务，也是企业开展生产经营的基础；二是根据业务组合和各类业务在组合中的地位和作用，决定战略业务单元（Strategic Business Unit，SBU）及对各战略业务单元的资源分配方式和分配次序，并确定不同战略业务单元之间的利益协调机制；三是建立在战略期内追逐环境变化、对关键环境变化及时做出战略变革决策和行动的机制，一般情况下需要建立与所处环境不确定性程度一致的决策控制系统。

公司层战略的具体类型主要有如下几种。

（1）单一经营战略。单一经营战略是指企业将业务范围限定在某一种产品上，通过资源聚焦和能力聚焦以实现竞争优势的战略。传统的单一经营战略一般指企业内部只包含一种产品价值链的经营模式。随着世界产业结构的调整，企业经营方式发生了巨大改变，越来越多的企业将原有的产品价值链解构，放弃价值链上的非增值环节，而将资源聚焦于原有价值链的某个高端价值环节。单一经营模式最大的不足是高风险性，一旦聚焦的产品出现滞销或业绩衰退，企业将难以维持长远发展。

（2）纵向一体化战略。纵向一体化战略是指企业将业务范围覆盖到产品价值链的全过程，包括原材料、零部件生产与供应、产品生产与加工以及产品销售等诸多环节。企业执行纵向一体化战略是为了取得生产的规模效应和整合协同效应，以巩固市场地位，获取竞争优势。同时，纵向一体化战略还有助于组织将原有成本中心转变为利润中心。不过，纵向一体化战略往往需要较大的投资额，并且同样存在单一经营战略所面临的业务面过窄的风险。因此，企业在选择纵向一体化战略时，应结合自身特点，谨慎行事。

（3）多元化战略。这是一种与单一经营战略相对的战略，即企业将其业务范围拓展到多种领域，形成分散经营之势。多元化战略一般适用于规模较大、资金雄厚、市场开拓能力强的企业。企业执行多元化战略，一方面是为了分散经营风险，以减少单一经营业务的不确定性所带来的巨大压力，另一方面是为了有效利用企业闲散资源，提高企业单位资本收益。多元化战略有相关多元化与非相关多元化之分。多元化战略的最大缺陷是：一旦企业进入不熟悉的领域，就会有较大的经营风险。20世纪90年代风靡一时的巨人集团就是很好的例证。

（4）联盟战略。随着市场竞争的日趋激烈，企业已不堪面对血腥的红海战略，越来越多的企业开始转向竞争与合作双管齐下的战略。也就是说，不同的企业之间、利益相关群体之间开始结成战略联盟或虚拟组织，通过各方资源的有效整合，形成要素协同与能力协同，从而实现个体价值增值，促进企业发展。在这一战略的指导下，竞争已演变成为联盟之间的竞争。而如何解决联盟合作的有效性问题，成为企业联盟战略成败的关键。

（5）国际化战略。国际化战略是指实力雄厚的大企业或集团公司将经营视野扩展到国际市场，通过在国外开拓市场、建立生产基地、开展研发合作等方式实现国际化扩张的战略模式。一般来说，商品输出是企业国际化战略的起点。企业只有先以商品打入国际市场，才有可能在国际社会中树立企业形象，并进一步开展生产、研发等扩张模式。由于实施跨国经营会面临各种关税和非关税壁垒，越来越多的跨国公司开始将其生产、研发等经营环节直接转移到市场所在国，这样做一方面可以绕过贸易壁垒,另一方面可以利用当地廉价的劳动力和原材料,从而降低生产成本,强化竞争能力。

2. 业务层战略

业务层战略也称为竞争战略,主要指企业的战略业务单元(SBU)根据公司层战略所开展的业务发展战略。业务层战略必须建立在现有业务组合和业务发展规划的基础上,并相应选择具体竞争方式和资源配置模式。业务层战略主要包括以下内容:本业务对实现公司层战略可作出的贡献、本业务与其他类型业务的关系;确定本业务的覆盖范围、业务发展的方向;业务的核心环节、增值环节,应该采取的基本竞争战略;业务内各项职能互动对该业务取得业绩的作用;资源分配方式及其相应评价机制;业务发展目标与计划等。

按照美国哈佛大学商学院教授迈克尔·波特(Michael E. Porter)的观点,针对特定的战略业务单元,企业的业务层战略有如下三种。

(1)低成本战略。低成本战略即通过比竞争对手低的价格向顾客提供商品的战略。这种战略对企业成本控制水平提出了较高的要求,企业必须具有比竞争对手高超的成本控制手段,才有可能在成本水平上处于行业领先地位。一般来说,企业不仅要从内部生产经营中挖掘成本潜力,而且要通过对供应商价值链、顾客价值链的有效整合,实现产品成本的进一步降低。同时,低成本战略以质量管理为例,假设企业自身成本水平低于同行业其他企业,但如果产品质量也相应降低了,这种低成本则不能为企业带来竞争中的优势地位。

(2)差异化战略。差异化战略也称为标新立异战略,即通过提供差异化的产品以赢得市场的战略。差异化一般表现在产品功能、设计、包装、材质等方面,顾客往往能够被产品独特的魅力所吸引,并对品牌产生依赖感,从而赢得市场,提高产品竞争力。在个性化、多元化日益成为消费市场发展主流的背景下,差异化成为企业争相追逐的目标,越来越多的企业投重金于研发、设计等领域,以期满足市场的差异化需求。但差异化战略对企业的研发设计能力、资金储备提出了较高的要求,企业必须投入重金才能有所回报。同时,企业在执行差异化战略时,也伴随着差异化风险,因为企业无法预见其差异化产品能否获得市场认同、能否为企业创造价值。

(3)目标集聚战略。目标集聚战略即企业将目标市场集中于某个较小的范围内,通过对这一市场提供差异化或低成本的产品,获取该市场的绝对优势地位。目标集聚战略针对的是某个单一市场,其目的在于资源的集中,形成相对于竞争对手的优势地位。例如,杭州娃哈哈集团生产的非常可乐,在遭遇"两乐"的疯狂进攻之后,主动选择市场潜力较大的农村地区，通过在农村建立营销渠道、开展品牌宣传，创造了非凡的业绩。目标集聚战略比较适合本身市场占有率不大、所处行业竞争较激烈而自身又具有一定实力的企业。然而，将经营范围限定在单个市场上，实际上提高了经营风险。这要求企业必须充分了解自身的实力和目标市场状况，并对未来进行准确而充分的预测。

3. 职能层战略

职能层战略是指根据公司层战略对职能部门及其活动的战略地位和发展方向所进行的策划，它是一种对职能活动进行管理的计划。一般来说，职能层战略要比公司层战略详细得多，也具体得多。职能层战略的开展，一方面是为了使公司层战略能在各职能部门有效落实，发挥职能部门的战略性作用，另一方面是为了促进不同职能部门之间、职能部门与业务部门之间的协调。职能层战略主要包括以下内容：公司层战略和业务层战略对各职能的具体要求；特定职能活动与相关职能活动之间的关系，特别是在涉及跨职能运作时的协调关系；职能的发展方向；职能活动的组织安排与资源分配方式。企业主要的职能层战略包括如下几种。

（1）财务战略。财务战略是企业重要的职能战略，它既关系到企业资金利用与运作的效果，影响企业整体经营成果，又关系到其他各职能部门的运行成效。企业的财务战略受限于资本市场、企业内部战略与资源状况两个方面。企业需要根据上述分析制订一系列的财务计划与政策，如并购计划、资本预算计划、投资管理与股利分配计划、长短期投融资计划等。企业还需要对财务职能组织、人事问题进行战略性的安排，以保障财务战略的有效实施。

（2）人力资源战略。人力资源战略必须以公司层战略、业务层战略和其他职能战略为依托，并在此基础上确定人才需求计划。同时，企业还需要对人才市场进行分析，以明确不同职业人才的供求状况、学历层次、薪资水平等。根据以上对内外部情况的分析，企业需要制订有关人力资源的招聘、选拔、考核、奖惩、培训、员工的职业发展规划等计划和政策。就目前来说，人力资源外包战略（在事业类组织中称为人事代理）越来越受组织欢迎。在这一战略模式下，企业只需负责相关职工的基本工资和奖金，而不需要承担其他义务。这种方式大大降低了企业的人力资源成本，而人才竞争力却并没有因此而减低。

（3）研发与设计战略。随着企业价值不断向价值链的两端转移，研发与设计成为企业价值的重要来源，与此相关的投入也越来越多，研发与设计开始成为企业竞争的主战场，制定合理的研发与设计战略成为企业的当务之急。具体来说，企业研发与设计战略需要关注以下内容：消费市场导向，即市场需求变化情况；企业技术研发能力，特别是特殊技术人才的储备状况；与外部研发力量合作的可能性等。

（4）采购战略。采购战略用以确定企业采购职能的发展方向，并基于此明确其基本内容与要求。一般来说，企业采购战略的第一步是决定投入的原材料或零部件是自制还是外购。这将影响到企业纵向一体化的程度，以及企业在产业价值链上协同效应的取得。同时，对供应商的选择也至关重要。好的供应商能够在货品价格、供应速度、供应量以及相关方面提供优质的服务，为企业带来更大的价值。这时，企业需要考虑与供应商建立长期合作伙伴关系，并促进双方知识、能力、流程的整合，以进一步挖掘成本空间。

（5）生产战略。生产战略涉及到企业产品生产的全过程，因此会直接影响到产品的质量、可靠性、灵活性和创造性。企业执行生产战略，需要明确以下内容：生产环境分析；有关企业生产设施的地点、数量、专业化程度和技术水平等要求；明确生产能力；明确产品范围，以及相关生产环节；明确相关技术要求、自动化程度要求等生产配套要求；界定产品线、新产品比例和引进新产品的速度、产品生命周期的长度安排等；明确产品功能、质量、耐久性等要求。

（6）营销战略。企业开展营销战略，不仅要销售自有产品，提高市场占有率，而且要建立企业的市场声誉和地位。可以说，营销战略是企业竞争力和企业价值得以最终实现的途径。营销战略的内容包括营销手段与策略选择、定价策略、销售渠道的建立与选择、市场的选择与细分、市场信息的获取以及相应的新产品开发分析等。每一种策略分别从不同角度提高企业营销绩效，提升企业竞争力。

2.1.3　战略管理的定义与作用

1. 战略管理的定义

"战略管理"一词最早由安索夫（Ansoff）在其 1976 年出版的《战略计划走向战略管理》一书中提出，他将战略管理定义为：将企业的日常业务决策同长期计划决策相结合而形成的一系列经营管理业务。三年后，在他的另一本著作《战略管理论》中再一次详细论述了这一内涵。但作为战略管理的第一个定义，它还存在很多不足，主要表现在对战略管理形成的理解不足，缩小了战略管理的内涵，忽略了使命的作用等。与安索夫相比，斯坦纳（Steiner）对战略管理的界定则更加明确而具体，他在其 1982 年出版的《企业政策与战略》一书中指出：企业战略管理是确立企业使命，根据企业外部环境和内部经营要素设定企业目标，保证目标的正确落实并使企业使命最终得以实现的一个动态过程。除此之外，其他战略学家也从不同的角度对战略管理进行了界定。总的来说，目前有关战略管理的定义涵盖了以下方面：
①战略管理的核心是企业战略；②战略管理的目的是实现长期目标，完成企业使命；
③战略管理是一个企业与环境互动的动态过程；④战略管理包括战略分析、战略
计划、战略设计、战略选择与战略评价等活动；⑤战略创新成为战略管理中的新
内容。

基于以上分析，可以将战略管理定义为：战略管理是指企业为了实现长期目标
和使命而开展的，在企业自身能力与环境互动中所进行的战略分析、战略识别、战
略选择、战略实施、战略评价与战略创新等一系列的活动及过程。

2. 战略管理的作用

战略管理对企业的影响，来源于它在以下方面的作用。

（1）有利于确保企业发展方向的正确性。战略本身就代表了企业的发展方向，
战略管理则是建立在既定方向基础上的战略选择与实施过程。但战略的长期性特点，
使得战略在执行过程中很容易偏离既定航向，从而使企业战略目标无法实现。而战
略管理活动将企业的长期目标（战略目标）与短期目标（经营目标）结合起来，企
业在追求长期目标的过程中可以通过短期活动不断检验、调整，修改自身的前进方
向，从而避免企业的发展偏离原有方向，确保企业使命的完成。

（2）有利于内外环境的结合。企业战略管理实际上是把企业的发展与成长纳入
了变化的环境之中，经营与管理工作必须建立在动态的环境基础之上，并据此建立
企业的动态决策与反馈机制。因此，管理者必须重视经营环境的变化，注意对外部
环境的研究，正确把握市场的走势，选择合适的经营领域和产品市场战略。在此基
础上，灵活使用企业的各种资源，使之与环境形成有效的整合，并发挥资源的最大
效用。

（3）有利于资源的优化配置。战略管理本身就是一个全局性的工作，需要照顾
到企业运行中的每一个方面，同时将这些不同的方面整合到企业的战略目标上来，
以使企业资源得到充分的利用，确保整体利益的最大化。因此可以说，战略管理有
利于优化企业的资源配置。具体来说，战略管理的资源配置效力主要体现在：一是
指导各部门内部资源的充分利用；二是有利于企业资源结构优化；三是有利于部门
之间资源的整合与协同。

（4）有利于组织内部的沟通与协调。在战略管理过程中，很多工作无法在单个
部门内部解决，必须要通过部门之间的协作才能完成。这使得组织内部自动形成了
一种沟通氛围，从而强化了组织协调。特别是在动态的环境下，资源的配置与使用、

经营信息的取得都是企业面临的问题，必须要借助于有效的战略管理，通过不断的战略调整，协调各部门的利益，从而进一步促进组织内部沟通。

（5）有利于发挥战略的纲领性作用。由于战略管理不仅仅停留在战略分析与战略制定阶段，还需要将战略付诸实施，而战略一旦得以实施，将成为企业发展的总方针，这就使企业的战略在日常生产经营活动中发挥着纲领性作用。特别是在战略实施的过程中，需要根据环境的动态变化，不断对现有战略的执行情况进行评价和调整，进而完善战略管理工作。这种循环往复的过程，使得企业的短期经营行为也必须进行相应的调整，从而更加体现了战略在管理实践中的指导作用。

2.1.4　战略管理的过程

战略管理包括企业为了实现长期目标而开展的战略分析、战略识别、战略选择、战略实施、战略评估与战略创新等活动，在开展这些活动的过程中，必然涉及目标确定、实力分析、环境分析、方案选择、计划与预算、实施监督等一系列的内容。从战略管理过程来看，企业必须首先确定自身的使命与目标、经营范围和经营思想等，以作为企业战略管理的总体指导思想。进而，进行自身实力与外部环境分析，包括企业资源分析（现有人力与财力资源、需要获取的资源）、行业环境分析（竞争对手情况、行业竞争状况等）、宏观环境分析（经济、法律、政治、技术、文化等），从而找到企业发展的突破口。在此基础上，从战略层次、行业生命周期、行业类型等角度入手，设计出多种可行的战略方案。一般来说，可能有多种方案适合企业的战略形势，但其中必然有一种较其他方案更好，战略高层必须以成本效益最优为原则，对战略方案进行选择。基于选定的战略方案，企业需要对资源进行分配，以协调企业的工作、人员、资金等。一旦资源、权责分配完毕，已选战略即可正式付诸实施。在战略实施之后，对阶段性的战略管理成效进行监督与评估，及时反馈战略执行状况，并进行相应调整。当新机会出现时，组织应该主动寻求战略创新，重新对环境和自身资源进行整合，以抓住机遇，开创全新的价值空间。当环境的变化对企业发展构成威胁时，战略高层同样需要重新审视内外部局势，在原有战略的基础上进行战略创新。需要指出的是，战略评估的周期并不完全与战略周期相一致，为了确保战略执行的有效性，不仅要在战略实施完毕时进行评估，同时还要在每个经营周期结束时开展战略评估活动，以及时发现问题与不足，并进行适当调整。战略管理的过程示意图如图 2-1 所示。

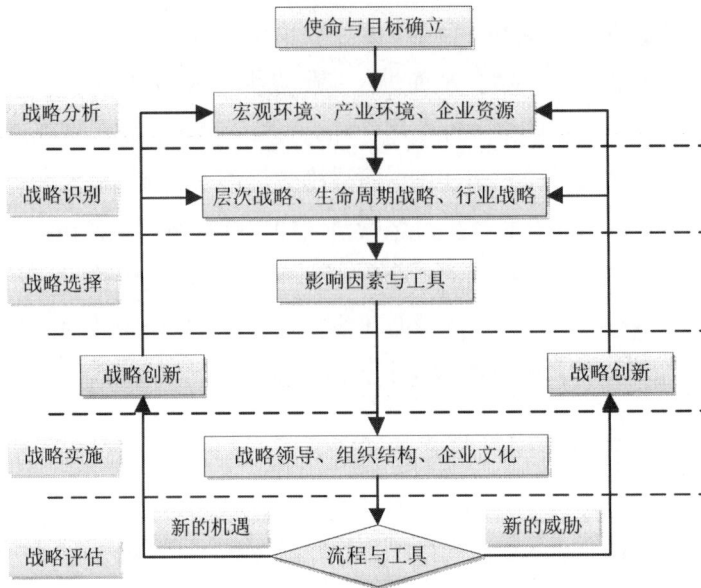

图 2-1　战略管理的过程示意图

1．战略分析

战略分析主要是对企业的外部战略环境和自身资源条件进行的分析，其直接目的是寻找外部机会与内部资源的契合点，即企业战略的突破口，并为下一步战略管理活动提供素材和支撑。一般来说，战略分析主要从宏观环境、产业环境、企业资源三个方面展开。

2．战略识别

企业经过宏观环境分析、行业环境分析和企业资源分析，确定行业选择和发展定位，从而进入战略识别阶段。依据不同的层面，战略识别可以为企业提供丰富的待以选择的具体战略。战略识别不仅要明晰各种战略的含义与类型，更要识别具体战略的优势与风险，把握这些战略的适用条件，为企业的战略选择做好准备工作。

3．战略选择

战略识别的过程即是找到适合企业发展举世的战略范式的过程，在同一时间内，并不是只有一种范式符合企业的发展需要。这要求企业进行战略选择。战略选择强调在特定时间、特定背景下，从现有方案中选出最适合企业发展的战略范式。从很多方面讲，战略选择都是企业战略管理的核心。它需要满足一定的选择标准，还需要考虑到各种影响因素，在明确各种因素以后，利用分析工具进行战略的优劣比较，并最终选出令人满意的战略范式。

4．战略实施

从某种程度上说，成功的战略设计并不能保证成功的战略实施，战略实施比战略设计更困难也更重要。因为战略设计得再好，如果不能得以实施，或者实施不力，其价值也等于零。实际上，战略实施涉及到一系列的管理问题，不同类型、不同行业、不同规模、不同文化的企业，其战略实施可谓千差万别，甚至不同的领导者，也会产生不同的战略实施效果。

5．战略评估

以往"战略分析——战略选择——战略实施"的战略管理"三阶段模式"造成了事后监督缺位，无法解决战略执行不力的问题，战略评估因此被提上了议程。战略评估不同于战略方案选择，战略方案选择中的评价着重于选择合适的战略，而战略评估则立足于对战略管理绩效进行评价。需要明确的是，战略评估不仅仅是对战略方案执行状况的评估，并且是对从战略分析到战略实施，以及战略创新的战略管理全过程的评估。战略评估对于组织及时纠正偏差、确保战略执行意义重大。开展战略评估需要解决两个关键问题：评估工作如何开展，即评估流程问题；如何评估，即评估工具问题。

6．战略创新

信息技术、网络技术的发展以及各种新生产方法的出现，使产业发展格局发生了巨大的改变。越来越多的高新技术企业、互联网企业等进入了我们的视野。新技术、新经济的发展，使原有战略管理范式受到了挑战，新兴企业不可能再按照原有战略范式开展管理，战略管理创新迫在眉睫。简单地说，战略管理创新包含两种模式：一是创新现有的战略管理范式；二是将现有范式引入新经济中，实现匹配创新。

2.2　项目与组织战略之间的关系

2.2.1　项目是实现组织战略目标的载体

企业中有组织的活动可以分为两种类型，即项目（Project）和作业（Operation）。企业中的项目可以是企业中的技术改造活动，也可以是开发某个新产品等活动。但所有这些活动都必须是一次性的，都要求在一定的期限内完成，不得超过一定的费用，并有一定的性能要求。作业是指企业中的连续不断、周而复始的活动，是企业中那些重复性的工作。它通常可以借鉴以往的相同工作，如企业日常生产产品的活动。

　　从组织的角度来看，作业只是维持企业日常的运转，并不能促进组织的发展，而项目则是组织发展的载体。企业作为一种长期性组织，有其长远的战略目标，这是企业面对激烈变化、严峻挑战的环境，为求得企业长期的生存和不断发展而进行的总体性谋划。而企业如要实现其长远的战略目标，首先必须要描述企业组织的根本性质和存在的理由，将企业赖以生存的经营业务与其他企业类似的业务区分开来，即定义组织使命；然后根据组织使命中的价值观，建立实现组织使命的长期目标和短期目标，将组织使命细化为一个个具体的方向或目标，并寻找实现这些具体目标或方向的策略、方法；最后再通过一个个不同的一次性的任务来实现，即通过具体的项目来落实。具体关系如图 2-2 所示。而作业通常只是在企业已有的发展层次上，解决处理一项一项的重复性的日常工作，并不能促使企业上升到一个新的发展层次上。

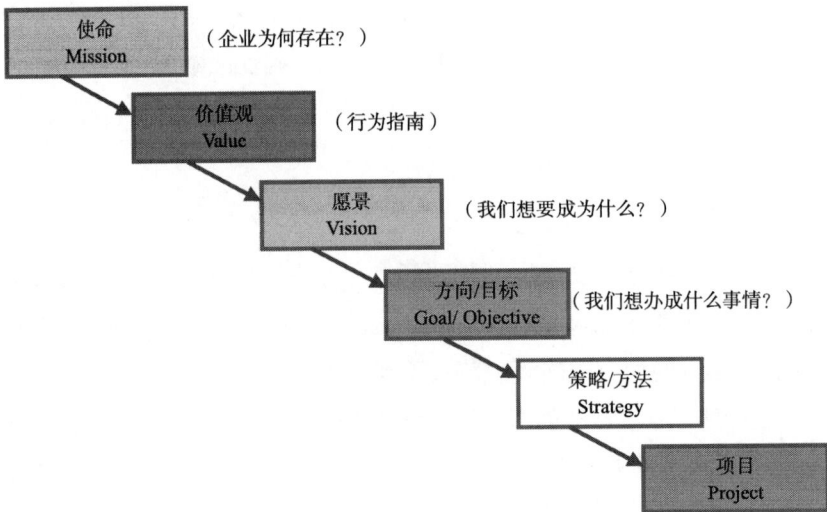

图 2-2　项目与组织发展战略关系示意图

　　企业战略管理的实践表明，战略制定固然重要，但绝不能忽视战略的实施过程。因为良好的战略仅是战略成功的前提，有效的企业战略实施才是企业战略目标顺利实现的保证。如：企业要实施产品领先策略抢先推出新产品，需要实施新产品研发项目；要扩大或调整企业的基础设施，需要成功实施基建工程项目或设备安装、改造项目等。在企业中，项目是企业变革的发动机，它可以带来新产品、提供新服务、建立新工厂、安装新设备。项目的实施改善了企业的基础设施，配置了新的系统使企业运行于新的程序之中，企业为实施战略而进行的任何变革都表现为具体的项目。

在成本领先、产品差异、默契共谋、战略联盟等业务战略层次及纵向一体化、多元化、并购及全球化等公司战略层次中，无论哪种战略的实施，都会确定相应的项目，通过完成项目来达到战略实施的目的。由此可见，项目是实现组织战略目标的载体。

2.2.2　项目已成为组织生存与发展的一种方式

在组织的发展中，项目和作业是企业发展过程中密切相关的两类活动。企业的创立本身就是一个项目的开始，它通过一个新建设项目使企业拥有提供某种产品或服务的能力，以满足市场或顾客的需要，从而获取盈利。这一过程循环往复，企业由此得以生存和发展。经过一段时间的运作之后，由于企业设备老化陈旧或环境及市场变化等原因，企业原有的设备可能已无法生产出高品质的产品或原有的产品、服务可能已不适应市场需求，企业可能因此无法生存、发展下去，这时就又需要通过设备的大修改造项目、新产品开发项目或企业的改扩建项目来使企业恢复原有的生产能力或上升到一个新的作业平台。在企业的整个发展过程中，项目与作业的交替过程不断重复着，作业导致企业的量变，运作使得企业出现了质变，是企业跳跃式发展的动力。

企业中常见的几类典型的项目如下。

（1）新产品开发。项目管理本身不能开发出新产品，但它能为开发新产品创造更好的条件，使它更容易、更快速地取得成功。一个企业要开发新产品，首先要挑选一个负责人领导开发工作，制订一个工作计划，确定目标，估算出大概的期限和费用等，这些都可以按照项目管理的原则和方法来做。

（2）软件系统开发。例如一个制造企业在引进或开发 MIS 系统或 CIM 系统时，就其所需的软件部分而言，也需要生产、设计、财务等不同方面的专业人员来共同协助进行。为了有效地协调这些横向联系，就可以采用项目管理的原理和方法。

（3）设备大修工程。企业的设备大修工程与基建项目有类似之处。有些工厂，如化工厂，在生产了一定的时间后，就有必要进行停产大修，显然停产的时间越短越好。为了缩短这个工期，使用项目管理就是最好的方法。这在很多国家的很多企业中得以体现。首先选定一个大修工作的项目负责人，事先拟订出详细的大修计划以及详细的关键路线图，准备好所需的工具设备以及材料、零件等。此外，根据具体情况，还应估计可能发生的意外情况并做必要的准备。总之，在停产之前做好所有的准备工作，一旦停产，就立即开始工作，力争以最快速度完成。

（4）单件生产。某些特殊大型产品单件的一次性生产，如超大型计算机、专用成套设备等。这些产品通常是由用户提出详细的订货要求，有具体的交货时间和预算费用。这类产品一旦成功会带来很高的利润,一旦失败则随之而来的风险也很大,因此经常用项目管理的方式来进行。总而言之,在现代工业企业中,项目管理也能有广泛的应用。关键是在决定是否采用项目管理时,应考虑到各项因素,以及保证由于项目计划、控制和执行所获得的好处,在价值上超过采用项目管理所需增加的费用。

(5)技术改造与设备更新项目。技术改造与设备更新项目主要是指企业对其内部产品性能的改进、设备性能与生产能力的改进、设备的更新等与企业技术进步有关的项目。这一类项目的确定主要是根据用户对产品性能的反映、企业的发展以及市场的需要,综合考虑企业的经济发展的基础上提出的。其主要着力点在于企业产品的市场情况及企业生产能力的扩大与否,其与企业未来的经济效益有着密切的关系。

(6)技术开发项目。技术开发项目主要是指为了技术储备而开发的有关研究项目,它与企业以及整个国家的技术进步有着直接关系。这一类项目主要是根据企业未来的发展和需要,结合企业自身产品的开发及技术改造而提出的,它对企业未来的发展有着十分重要的意义。

进入新世纪以后,国际经济大环境发生了急剧的变化,全球经济一体化的趋势日益加强。随着经济全球化进程的深入,企业所面临的市场环境已发生了巨大的变化。首先,市场竞争日趋激烈化、国际化。随着我国加入世界贸易组织(WTO),国际竞争已成为我国企业必须面对的挑战。我国企业在国内市场上不仅面临着来自国内同行业企业的竞争,还必须与来自国外的跨国公司进行竞争。近年来,国际跨国公司纷纷进入我国,《财富》杂志所列的500家大公司、大集团几乎都在我国有投资或经济活动。我国加入WTO后,由于关税和非关税壁垒均大幅度降低,进口商品的竞争力将会大大增强,中国企业面临的竞争压力将会更大。其次,客户类型日趋复杂化、需求日趋个性化。随着市场经济体制的进一步确立和完善,我国企业的市场环境逐渐转变为买方市场,顾客开始起决定作用。随着市场的发展、技术的进步,顾客的需求也发生了很大的变化,"大众市场"(Mass Market)早已烟消云散,需求日趋个性化、多样化。最后,技术发展日新月异。现代数字信息技术和网络技术飞速发展,高新技术不断涌现,使得企业技术的更新速度逐步加快。企业所面临的新的市场环境,使得企业的产品或服务在市场上的生命周期越来越短,且其周期的长短难以预测。因而,越来越多的企业调整其经营管理策略和方法以适应环境的变化:一方面为降低投资风险越来越多地采用外协等外借资源的生产方式以减少固定资产的投入；另一方面则以产品作为管理和核算的对象以考核各产品生命周期的效益。在这种情况下，一种产品从创意到退出市场的全过程也就具备了项目的特性，可以当做一个项目来看待，而产品生产过程的组织也因为客户需求的个性化及外协生产方式的采用，每批产品从洽谈订单到向客户提交产品的过程也可当做一个项目来管理。总之，在新的市场环境下，企业传统的作业业务日趋具备了项目的特色，作业日趋项目化，项目已经成为组织生存与发展的一种方式。

2.2.3　项目与项目管理对组织的益处

1．项目对组织的益处

项目对组织的益处体现在以下几个方面。

（1）项目是组织生存与发展的根本动力。如前面所述，组织发展不能只靠日常运作，它的发展必须依靠成功地策划与实施一个又一个的项目。随着全球经济一体化的加速和市场竞争的加剧，客户个性化的需求越来越多，更多的组织通过全球采购、全球分包方式来实现企业的运营。每一个个性化需求、每一个采购订单、每一次分包，都可以看做是一个项目。组织为了适应外界快速变化的环境，在内部经营过程中需要持续不断的创新，包括管理创新、技术创新和工艺创新等，每一次创新活动也都是一个项目，只有一个又一个的项目成功了，组织才能获得持续的生存和发展。

（2）项目可以实现组织结构扁平化。为了应对外界环境的快速变化和顾客多变的需求，组织需要持续不断地创新，这就需要掌握最先进知识和技能的人才。组织为了满足快速发展的需要，往往采用引进人才的方式，为引进的人才提供高职位、高薪水、高保障。然而变化的速度是如此之快，引进的这些人才的知识和技能也会老化，也会落后，组织需要持续不断地引进更先进的人才来实现其更高更快的发展。组织对于知识和技能老化的人才不能采用去其位让其走人的方式，但组织中固定的高职位是有限的，不淘汰他们组织将会负担太重，组织机构会越来越臃肿。所以，最好的方式是让引进的人才做项目经理而不是固定职位的职能经理，通过一个好的项目平台，不仅可以使组织能够广泛有效地使用外部资源，达到组织快速发展的目的，而且不会产生不良后果，实现组织结构的扁平化。

（3）项目是组织员工业绩和企业形象的主要来源。项目是组织发展的动力，也是每位员工业绩的主要来源。员工面对组织的考核时，不能只是汇报他"流水账式"的日常工作，而必须讲他对组织的贡献，做了哪些"创新式"的工作，也就是项目型工作，取得了哪些标志性成果。因此，员工个人的成长发展离不开项目。对于政府部门来说，项目的重要性更为明显，一届政府的业绩，一个地区的发展都是需要通过完成大大小小的项目来实现。企业在招投标获取订单时，也都是宣传自己成功地完成过哪些项目，为哪些企业提供过产品或服务，因此，成功的项目是企业形象的主要来源，也是企业在激烈的市场竞争中获取订单的生命源。

2. 项目管理有助于提升组织战略核心竞争力

开展项目管理能够使组织获得重要的战略核心能力：整合组织资源的能力、满足客户的能力和管理变化的能力。可以说，项目管理对于加强和提高组织的这几种战略核心能力起到了不可替代的作用。

（1）整合组织资源的能力。资源包括有形资源和无形资源。有形资源如厂房、设备等，比较容易进行识别和评估；无形资源如品牌、客户关系、产业链上下游关系、产品设计能力等，很难对其进行客观的价值衡量。拥有并有效利用资源是企业获得竞争优势的最重要途径。在不断变化的竞争环境中，企业必须能够保证所拥有的资源完全支持自身的战略目标，并且在此基础上对这些资源进行有效的控制，才能拥有不易于被对手模仿的资源，从而获得可持续的竞争优势。随着组织外部环境变化越来越快，企业内部有限的选择空间、有限的控制措施，面对外部环境的选择多样化，企业的资源不再那么容易受到控制。因此，企业的战略能否得到有效执行，最重要的一个环节就是企业是否拥有相应的能力来管理和整合资源。企业的核心竞争力是由不同的资源要素有机联系而成的整体竞争实力，一组分散的资源要素无法构成竞争力。所以，在企业通过各种手段得到建立核心竞争力所需的资源后，如何将这些资源有效整合，就成为关键问题。

目前，很多组织都在通过项目形式来整合组织内部的资源以创造更多的价值。在组织资源有限的这一条件下，通过项目管理的方法，组织可以设计资源的整合形式，确定资源的配置方式，构建资源配置管理和控制体系。首先，项目对于资源的配置是以工作来实现的，而项目范围管理能够确保为了成功地实现项目目标所必须完成的、全部且最少的工作，也就是说项目管理能够提高资源的使用效率，确保资源能够支持项目目标的实现从而创造更多的价值。其次，组织可以通过项目管理工具对资源使用的情况进行定期评估，及时地发现问题并采取措施，从而更加有效地控制和监督资源的使用情况。最后，项目团队的组织形式相比于传统的职能形式能够更加有效地整合资源。由于项目管理是一种目标管理，处于项目团队中的成员能够围绕项目目标更加充分的交流、协调，更好地进行团队工作，因此项目管理能够更好地对这些资源进行有效整合。

通过项目组织体制和项目管理制度对生产经营、研发活动和其他一些跨部门的活动进行组织和控制，可以将各种分散的资金资源、人力资源和技术资源集中组织起来，通过项目的协调工作，形成整体优势，可以实现迈克尔·波特提出的战略的配称活动，促进部门之间的配合和资源的流动，保持各运营活动或各职能部门与总体战略之间的一致性，实现资源投入最优化。同时组织也可以通过信息体系的建立，使组织的上层及时了解到资源的信息，从而节省资源决策成本和时间。

（2）满足客户的能力。从不断加速变化的市场角度来看，随着消费者地位的不断提高，当前市场的一个重要变化就是质量观念的改变。对一个产品质量好坏的定义和评估已经从顾客仅仅要求产品合格进一步延伸为如何满足消费者不断变化的要求。福特公司只提供黑色汽车也能主导消费者市场的时代已经一去不复返，企业也必须追随消费者，因为消费者不仅掌握更多的市场信息，而且不断进行新的需求选择。企业必须让消费者满意和高兴，这已经成为企业在高度竞争的市场环境中获得成功的关键。消费者地位的提高意味着企业对消费需求变化性和多样性的限制能力越来越弱，这也必然导致企业竞争环境不确定性的增加。获得客户的关键核心能力集中体现为企业是否具有根据消费者不断变化的需求来生产产品以满足客户，从而让客户感到满意甚至高兴的能力。在没有时间和成本限制的条件下，企业可以在充分调查客户需求后生产出让客户满意的产品。但随着向市场推出产品速度压力的不断上升，企业在过去基于产品职能型的组织结构下就很难满足客户这种对新产品不断变化的需求。

从战略的角度来看企业的管理结构，这就要求企业必须对组织结构进行调整，以提高组织结构围绕客户需求进行生产的能力。在这样一种对组织能力的需求下，关注项目的矩阵型组织结构比基于职能的组织结构更有能力为客户提供满足他们需要的新产品。在矩阵型组织结构下，企业能高效地组合跨部门的团队并围绕客户的需求，在特定的时间段及限定的资源范围内开展工作，从而实现特定的目标。因为项目团队跨越了传统的部门界限，最适合于提供满足客户的总体解决方案。企业可以利用跨部门的项目团队，代表其客户跨越整个组织，整合和配置各个方面的资源，为客户提供令他们满意的项目产品。正是由于项目管理的这种"以客户为中心"的思想在理念和管理方法上体现出的优越性，使得企业必须运用项目管理这种科学的方法来开发和生产产品，以不断满足客户的需求来获得竞争优势和市场。可以说，企业运用项目管理的能力决定了组织在满足客户需求上战略规划的成败。

（3）管理变化的能力。在当前的社会和市场环境下，当组织发展到一定规模或阶段时，必然会出现产品更加多元、市场更加分散、业务更加繁杂、部门更加庞大的结果，日常运营中各种各样的事务相互交叉影响。如果企业的组织结构没有及时得到调整，仍然采用金字塔的中央集权制或单一的管理体制，企业的运营就可能发生紊乱，内部信息传递缓慢、客户的请求无人顾及、新产品研发的机会错失、上级部门与下级部门步伐不协调等问题就会逐一出现。在这种情况下，以产品或职能来划分部门的单一的管理方式已经无法适应复杂的运营环境给组织带来的各种变化，企业需要更加柔性的管理，以使其各项业务得到更有效的管理。

在市场竞争中，好的企业战略能让企业掌握自己的命运，主动塑造组织的未来。在变化的环境里，组织应该采取主动的态度预测未来，管理变化，而不仅仅是被动地对变化做出反应。组织的领导者如果仅仅是预见到了未来，而不采取管理行动去适应变化，这样的企业战略是失败的。所以企业发展战略的重要特征之一是适应性，它强调组织能运用已占有的资源和可能占有的资源去适应组织外部环境和内在条件的变化。这种适应是一种极为复杂的动态调整过程，要求组织一方面能运用一种灵活的管理方法和技术对组织的内部资源和生产活动进行管理，另一方面能不断地调整组织结构以适应这种变化。项目管理不仅是管理组织周围发生的各种变化的最有效的管理理念和方法，其所要求的矩阵型组织结构也是组织为了适应和管理这种变化最有效的组织结构。矩阵管理的组织结构能够弥补组织按照职能或产品进行单一划分带来的不足，它可以通过横向及纵向的管理方式，通过跨职能部门和项目团队的设立，强化彼此间信息的流通，更加灵活、有效地协调各项不同业务的发展。国外的很多大公司包括 IBM 就是通过矩阵组织变革，改变了旧有的职能管理模式，加强了横向连接，充分整合了组织内部的资源，大大提高了组织对外部环境的反应速度。这就是项目管理用于加强组织在适应变化方面的典型例证。

项目管理作为一种资源整合、不断满足客户需求和管理变化的管理方法和管理能力，正在成为组织创新以实现可持续发展的战略核心竞争能力之一。可以明确的是，在构建组织的战略能力中，一个关键的竞争优势即是通过基于项目的方法将战略转化为能够促使组织成功的能力。这就意味着不仅仅要开发适用的管理方法来设计和完成单个项目，同样重要的还有要针对组织内部同时存在的多个项目进行管理，使得这些项目和项目群在战略层面上支持组织的战略目标。

2.3　项目组合管理与组织战略之间的关系

项目组合管理的概念来源于金融领域，哈里·马克维茨于 1952 年创立了现代资产组合理论，这个理论的核心是基于"不要将所有的鸡蛋放在一个篮子里"的风险分散和规避理念。1981 年，沃伦·麦克法兰教授首次将这一理论运用到 IT 项目的选择和管理中，通过项目组合的运作方式实现了一定风险情况下的收益最大化。1999 年，NP Archer 和 F. Ghasemzadeh 提出一个详尽的项目组合选择体系，项目组合管理在国际项目管理领域得到广泛应用。

2.3.1　项目组合的定义

美国项目管理学会（PMI）在《项目组合管理标准》中对项目组合作出了以下定义：项目组合是指为了实现业务战略目标，而集中放在一起以便于进行有效管理的一组项目、项目集和其他工作。组合中的项目或项目集不一定相互依赖或直接相关。

项目组合存在于组织之中，其中包含了当前的组件和计划或未来的活动。因此，项目组合并不像项目或项目集一样具有临时性。组织中可能不止一个项目组合，但每一项项目组合都有其独特的业务领域或目标。当计划的活动经过识别、选择和批准之后，他们变成了项目组合的一部分。

项目组合表示在某个特定的时间点上所选择的组件的整体形象，项目组合可以反映出组织的战略目标。然而，项目组合内的具体项目或项目集不一定都相互依赖或者直接相关。项目组合管理体现了组织已经执行的或已经计划的投资，它还包括识别组织的优先级、制定投资决策并分配资源的过程。因此，项目组合表示了已做的选择工作。如果项目组合中的某个组件不支持组织战略，组织就必须提出质疑：为什么要实施这项工作？因而，项目组合可以真正作为度量组织的战略、方向和进展的方法。

项目组合、项目集和项目的关系可以用图 2-3 表示。项目组合中的组件可以是项目、项目集和其他项目组合，在同一组合中的组件一般来说具有如下共同特点。

（1）它们代表了组织已经执行的或已经计划的投资。

（2）它们支持组织的战略目标和细化目标。

（3）通常它们都有一些显著的特征，使得组织认为把它们组织在一起进行管理效率会更高。

（4）这些组件都可以被定量管理，比如：可以对其进行度量、排序、确定优先级等。

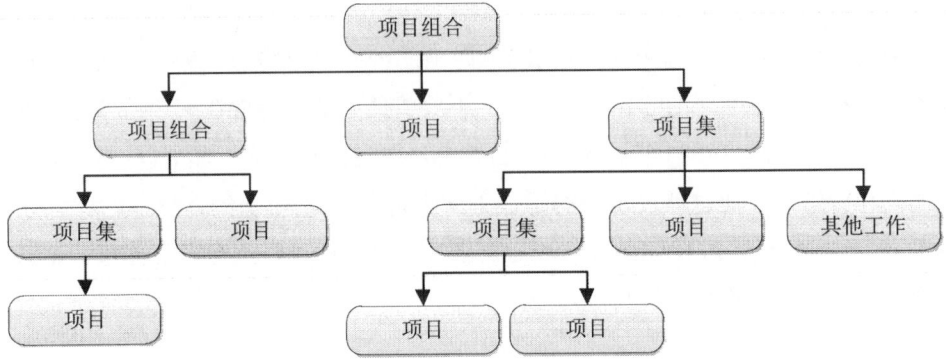

图 2-3　项目组合、项目集和项目的关系示意图

2.3.2　项目组合管理的特点

项目组合（Portfolio）是一组使用共同资源池（Resource Pool）的项目，是一系列项目和/或项目群以及其他工作，聚合在一起是为了通过有效管理以满足业务战略目标。因此项目组合管理的重点主要是项目的组合管理，而非项目（单一项目或大项目）管理。它是以战略目标为导向，通过选择合理的项目组合，并进行有效的组合管理来保证组织中的项目、生产和业务活动与组织战略目标的一致性。项目组合所选择的项目是不具类似性的项目，它的目的是有效地、最优地分配企业资源，达到企业效益最大化。项目组合管理有如下特点。

（1）项目组合管理的战略性。组合管理是战略的体现，项目组合分析及资源分配与公司总体经营战略紧密相连并保持一致，这是企业竞争成功的关键。在项目组合管理中，高层管理人员的合作和积极参与是其重要特征之一。项目组合管理在某种程度上考虑了风险、不确定性和成功的概率，并且将其体现在项目选择决策过程中。

（2）项目组合管理的动态性。组合决策环境呈现动态特性，在组合中项目的状态和前景是经常改变的，项目组合管理可以不断发现新机会，新机会又与现有的项目竞争资源，这些情况使得企业需要将自己的活动不断调整到一个合适的位置和重点上，要求对处于不同阶段的、具有不同质量和数量信息的项目作出比较，这是传统项目管理的方法所不能解决的。项目组合管理的方法能够适应整个项目生命周期内所发生的目标、需求和项目特征变化，能够同时处理项目之间的资源、效益、结果方面的互相影响，能够使管理人员对现行项目按时间变化作出计划，对组合适时地进行调整，明确项目在总体项目组合中所起的作用。

（3）强调组织的整合性。项目组合体中各项目小组成员在一个统一的合作体中工作，可形成一种连续的沟通机制。技术、知识、信息共享程度较高，易于形成和强化统一的合作观念，沟通效率和有效性较高。而传统的项目管理模式中，各项目小组分散于不同的项目中，项目间成果和技术沟通多，过程和人员沟通少，是一种间歇的沟通机制，沟通效率和有效性较低。项目组合管理有利于显示决策过程的信息，能够系统地选择每个项目，并评价组合中某一个项目的状态，以及它与公司目标的适应程度。

2.3.3　项目组合管理的益处

项目组合管理的益处如下。

（1）核心能力的培养和提升。在资源有限的条件下，许多企业往往选择一些快速、容易、低成本的项目。通常这些项目又是不重要的，如一些产品的改进和延伸。而那些能够产生实际竞争优势的、带来重大创新的重要项目则没有受到重视，从而导致真正有利于核心能力培养和发展的项目缺乏人力和资金。项目组合管理通过识别低价值的、不符合战略的、多余的、执行很差的项目来降低成本，从而降低运营风险；通过有效的项目组合，应用组织学习手段，将不同项目的技术知识整合起来，形成节点知识或新的知识联结方式，以培养、拓展和强化企业的核心能力。

（2）与企业经营战略相匹配。项目组合管理对项目的特性以及成本、资源、风险等项目要素按照统一的评价标准进行优先级别排序，选择符合企业战略目标的项目，能保证在不同类型、不同经营领域和市场的项目之间的费用分配与企业经营战略相符，实现与企业经营战略相匹配。

（3）组合价值最大化。在资源配置方面，项目组合管理合理地分配资源可以使企业在一些战略目标（如长期赢利能力、投资回收期、成功的可能性或其他一些战略目标）的组合价值最大化。项目组合管理可产生比单一资源单独使用更大的效益，使资源在企业的不同阶段的配置更为合理，可以分散或降低风险，有利于企业发展过程各环节的一体化，降低交易成本，能够根据项目各自的优势对企业活动进行合理分工。

可见，合理地进行项目组合管理，能够使企业的技术和财务资源得到有效地配置和利用，进而提高企业的创新效率和市场竞争力。因此，企业有必要把注意力放在项目组合管理上，特别是资源如何在项目之间的合理分配上，使企业获得持久的竞争优势。

2.3.4　项目组合构建

项目组合管理采取的是自上而下的管理方式，即从组织的整体战略目标出发，评价选择项目，形成项目组合，并对组织所拥有的资源进行优化配置，然后进入项目实施阶段，对项目组合进行动态管理，直至通过项目组合的实施来实现公司战略目标。项目组合构建具体包括识别需求与机会、项目组合与构建、项目计划与执行三个阶段。

在单个项目的管理中，"怎样做好这个项目"是问题的关键。而在项目组合管理中，"怎样实现各个项目对目标贡献最大"是问题的关键。因此，项目组织与构建是项目组合管理的核心环节，而项目组合构建阶段的主要任务是选择项目，在有限的资源范围内使所选项目组合起来能更好地实现组织目标。从组织内定义的标准看，所选择的项目应组成最佳项目组合，同时还要从资源（财务、人力等）可用性的角度检查项目组合内的项目和项目群的切实可行性，评估项目组合平衡性并做出项目组合结构的最终决策。

选择项目经常考虑以下几个问题：该项目对于整个项目群的目标的实现是否有贡献？怎样组合这些项目才能使得项目群的总体效益最好？现有的每个项目对将要加进来的项目是否有负面影响？项目群中的各个项目是否有较大的依赖性？项目群的总目标和总收益是否有分派？

项目组合分析与构建过程包括：按优先顺序列出企业目标，明确项目公司的战略目标；估计项目对每一个企业战略因素的贡献；按目标优先顺序确定出项目的优先顺序；通过对给定约束条件中项目的不同成本和资源的需求做出评价，优化项目组合；在投资回报、风险以及战略、战术上的多种考虑因素之间进行平衡，确定最适合的项目组合结构。

项目优先级的划分是其中较为重要的一个环节。美国项目管理学会建立并发布的《项目组合管理标准》针对的主要是项目组合的构建阶段，概括介绍了根据组织战略识别和选择项目纳入到项目组合的步骤，解决了项目优先级划分的方法和策略、资源的有效利用以及对战略目标的贡献等问题。该标准指出应根据项目为组织带来的收益划分项目优先级，选择标准及优先级划分标准应定期更新，以与组织战略保持一致。

项目组合管理的组合范围包括以下几部分。

（1）长期项目与短期快速项目间的组合。

（2）高风险的远景项目与低风险有把握项目间的组合。

（3）经营业务所处的不同市场项目之间的组合。

（4）不同技术或技术类型（如初始技术、先进技术、基础技术）项目之间的组合。

（5）新产品开发项目与产品改进和费用减少项目间的组合。

（6）产品创新项目与工艺创新项目间的组合等。

2.3.5 项目组合管理和组织战略的关系

组织通过制定战略来定义如何实现其愿景，而愿景通过使命实现，使命指导战略实施，而战略目标把项目组合与战略联系到一起，使资源得到平衡使用，在战略执行和日常业务活动中实现价值最大化。图 2-4 描述了它们之间的关系。

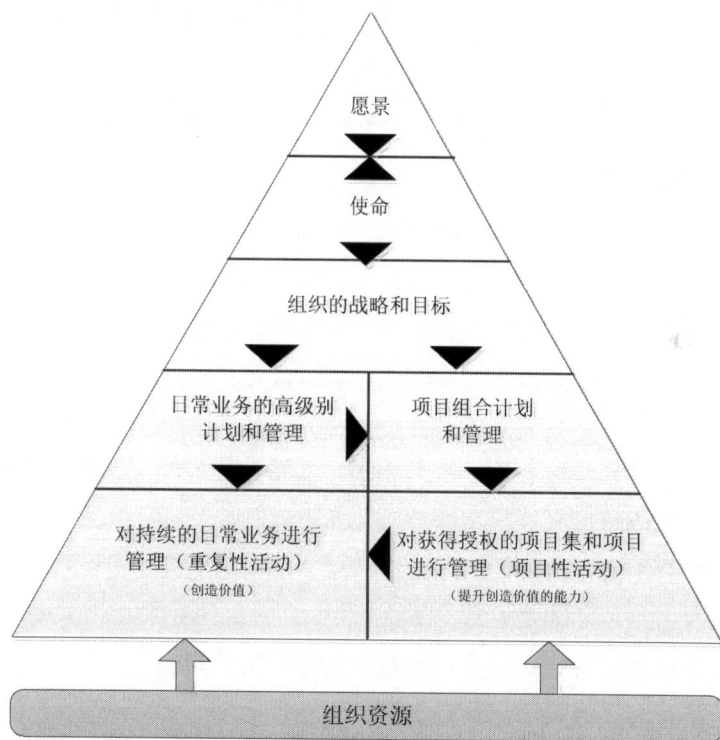

图 2-4 项目组合管理的组织环境

"愿景"、"使命"和"组织战略与目标"阐明了用来设置组织绩效目标的组件。"日常业务的高级别计划和管理"和"项目组合计划和管理"建立了实现组织绩效目标所要求的独特活动。"对持续的日常业务进行管理"和"对已获得授权的项目集和项目进行管理"是为了实现组织绩效目标而实施日常业务、项目集和项目活动。"项目组合计划和管理"描述了组织战略、战略规划和管理活动之间的关系。为了对"授权的项目和项目管理"提供指导，便产生了项目组合。项目组合把组织战略同一组按优先顺序排列的项目集和项目联系在一起，强调了相关内部和外部的业务驱动因素，也就是战略规划中的目标。

把项目组合管理同组织战略联系在一起的最终目标是为了建立平衡的、可执行的计划，帮助组织实现目标。组合计划对战略的影响通过下面五个方面得以实现。

（1）维持项目组合的一致性。每个组件都应该支持一个或多个战略目标。如果没有对总体目标的清晰理解，就无法形成项目组合，每一个项目建议书中都描述了项目是如何支持总体目标的。

（2）分配财务资源。每个组件的优先级为财务分配决策提供指南，同时，如果已经实施了组件，就会要求分配财务资源。

（3）分配人力资源。每个组件的优先级可以指导资源规划、招聘投入以及时间和技能分配。

（4）衡量组件贡献。如果实施组件的目的是为了实现战略目标，在目标范围内，组件的贡献需要进行衡量。

（5）战略风险管理。应该评估每一组件的风险以及风险如何影响战略目标的实现。

复习思考题

一、判断题

1. 战略管理包括战略分析、战略识别、战略选择、战略实施、战略反馈、战略评估与战略创新等活动。　　　　　　　　　　　　　　　（　　）
2. 项目都必须是一次性的。　　　　　　　　　　　　　　　　　（　　）
3. 战略分析是企业战略管理的核心。　　　　　　　　　　　　　（　　）
4. 战略评估需要解决评估流程问题以及评估工具问题。　　　　　（　　）
5. 项目组合所选择的项目一定类似。　　　　　　　　　　　　　（　　）

二、单选题

1. 以下不是项目的是（　　）。

    A. 谷歌无人驾驶汽车研发

    B. 富士康代工生产 iphone

    C. 苹果公司修复 Safari 浏览器漏洞

  D. 福岛核电站机组维修

2. 以下不属于战略分析主要方面的是（　　）。

  A. 宏观环境　　　　　　　　　B. 产业环境

  C. 内部资源　　　　　　　　　D. 企业文化

3. 以下不属于企业研发与设计战略内容的是（　　）。

  A. 消费市场导向

  B. 与外部研发力量合作的可能性

  C. 企业资源状况

  D. 企业技术研发能力

4. 一个企业要想实施差异化战略最好采用以下（　　）方式。

  A. 向市场投放更多广告

  B. 开发新的市场

  C. 实施新产品开发项目

  D. 降低现有产品价格

5. 在公司层战略中，以下能够有效利用企业闲散资源的是（　　）。

  A. 纵向一体化战略　　　　　　B. 多元化战略

  C. 单一经营战略　　　　　　　D. 联盟战略

三、多选题

1. 以下属于战略特点的是（　　）。

  A. 方向性　　　　　　　　　　B. 整体性

  C. 个体差异性　　　　　　　　D. 一致性

2. 业务层战略包括（　　）。

  A. 低成本战略　　　　　　　　B. 目标集聚战略

  C. 差异化战略　　　　　　　　D. 多元化战略

3. 以下能够体现项目对组织益处的是（　　）。

  A. 项目是组织生存与发展的根本动力

  B. 项目可以实现组织结构扁平化

  C. 项目是组织员工业绩和企业形象的主要来源

  D. 项目是组织实现战略目标的具体体现

4. 开展项目管理能使组织获得的战略核心能力有（　　）。

    A. 持续创新的能力

    B. 整合组织资源的能力

    C. 满足客户的能力

    D. 管理变化的能力

5. 以下属于项目组合管理特点的是（　　）。

    A. 组合管理的战略性

    B. 组合管理的动态性

    C. 组合管理的系统性

    D. 强调组织的整合性

6. 以下属于项目组合管理的益处的是（　　）。

    A. 核心能力的培养和提升

    B. 有利于实现组织结构扁平化

    C. 与企业经营战略相匹配

    D. 组合价值最大化

四、思考题

1. 战略的定义是什么？

2. 什么是项目？什么是作业？

3. 战略管理的定义是什么？

4. 请简要描述战略管理的过程。

5. 项目组合的定义是什么？同属一个项目组合的组件一般具有哪些共同特点？

第 3 章

项目决策

本章学习目标

本章主要介绍项目决策的相关知识，包括需求识别、项目识别、项目构思和项目选择等内容。项目决策是项目范围管理必须执行的关键内容。

重点掌握：项目选择的相关内容。

一般掌握：需求识别、项目识别与项目构思的相关内容。

引导案例

凯夫拉维克纸业公司

凯夫拉维克纸业公司是一个中型企业，生产各种类型的纸张，包括专业用纸和用于摄影、印刷行业的铜版纸。企业的销售额一直增长缓慢。5年前，凯夫拉维克纸业公司采用了一种基于项目的方法对新项目进行选择，其目的是为了在提高盈利的同时，通过快速开发满足消费者需求的新产品来增加销售量。

但是结果不容乐观。有些项目预算超支，产品性能不一致，有的未能及时交付，最后导致亏损。公司高层管理人员为此请来咨询专家，分析企业项目管理过程中存在的问题并针对问题制定有效的解决方案。

咨询专家认为，该问题的原因不在于项目管理过程本身，而在于项目被加入到企业中的方式。项目选择的主要方法几乎完全依赖于投资回收期法，凡是能够带来利润的项目都被高层管理者所认可。这样的选择过程带来的后果之一就是产生了几乎完全不相关的产品，包括铜版纸、包装材料以及其他偏离目标市场的产品等。

案例资料来源：（美）宾图. 项目管理[M]. 2版. 鲁耀斌，等译. 机械工业出版社，2010.

【案例点评】在本案例中，凯夫拉维克纸业公司单一依赖于一种项目选择技术而造成了一个混乱的项目群，项目互不协调，从而难以管理。项目管理人员很少通过企业的战略目标来衡量新项目，并且对项目的技术状况也没有进行评估。最终的结果就是没有人会询问新加入到项目群中的项目是否与其他项目相关，企业不仅要重新学习和培训，还需要新的技术专家，而这些都非常耗费资金和时间，因此一些新项目失败了。

项目是实现组织战略目标的基本单位。策划满足利益相关者需求的项目，进行正确的项目决策，是项目成功的前提。而在需求识别的基础上，明确需求，根据需求建议，进行项目识别，构思项目，谋划项目方案，并进行项目方案的选择，最终确定项目，是成功进行项目范围管理的保障。

3.1　需求识别

需求识别也称为识别需求，它是项目概念阶段首要的工作（见图3-1）。识别需求、问题或机会，是为了使客户所期望的目标能以更好的方式来实现。客户清楚地知道，只有需求明晰了，承约商或项目团队才能准确把握自己的意图或目的，才能规划出好的项目，最大限度地增加客户的收益，满足客户的需求。

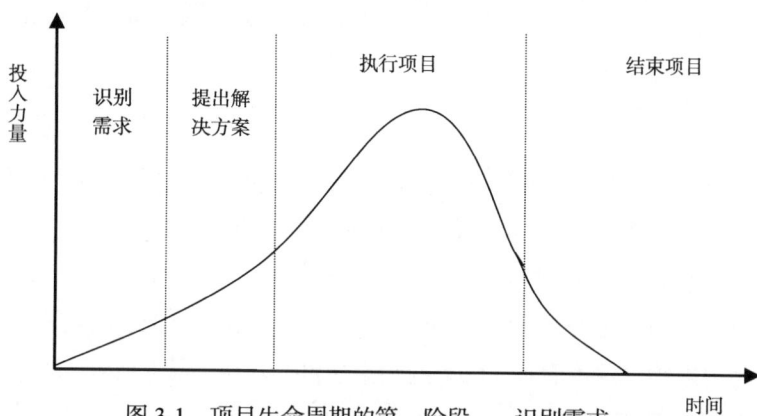

图 3-1 项目生命周期的第一阶段——识别需求

需求识别是回答"做什么"的问题，是关于产品（服务）属性的描述。如果是有形的产品，则要指明规模、性能、使用功能（工艺流程）、使用对象的消费层次定位、技术水准、外观品位等。如果是无形的服务，则要指明内容、所涉及的专业领域的广度和深度。工期和费用往往是需求识别的重要方面，也是获得产品（服务）成果的约束条件，并与产品（服务）的性能（质量）一起构成项目目标的三大硬指标。

3.1.1 收集需求

随着社会的发展，人们的需要日益增多并呈现多样化。项目来源于各种需求和要解决的问题，人们的需要就是亟待解决的问题。人民生活、社会发展和国防建设的种种需要，常常要通过项目来满足，需求是产生项目的基本前提。

项目产生于社会生产、分配、消费和流通不断的循环之中。

科学研究也是项目的来源，而且是更重要的来源。由科学研究发现产生的项目常常使国民经济结构发生重大变化，甚至改变人类的历史。科学发现要变成生产力，中间要经过许多环节。正是这些中间环节，为社会带来了数不清的项目。

自然资源的存在和发现当然也是项目的来源。科学发现和科学研究常常为以前人类无法利用的资源找到新用途，因而也就能够提供许多新项目。

政府经济体制改革所提出的一系列新政策为许多利国利民的项目创造了条件。在计划经济时期无法想象的项目现在都可以提出来，都可以付诸实施。

3.1.2 需求识别的过程

需求识别是一个认识逐步深化和清晰的过程，它开始于需求、问题或机会的产生，结束于需求建议书的发布。需求产生之时也就是开始识别需求之始，因为尽管需求产生了，客户萌发了要得到什么的愿望，或感觉到缺乏什么，但这只是一种朦胧的念头，客户还不能真正知道什么具体的东西才能满足他这种愿望，所期望的东西可能还只是一个概念或大概的范围，于是就需要收集信息和资料，进行调查和研究，从而最终确定自己到底需要的是什么样的一种产品或者一项服务。当然，在需求识别的过程中还需要考虑到一系列的约束条件。往往工期和费用是需求识别的重要因素，也是获得产品（服务）成果的约束条件，并与产品（服务）的性能（质量）一起成为构成项目目标的三大硬性指标。

有时，需求识别也并非客户的个体行为，客户可能会受到熟知群体的影响，向他们征求建议，也可在与承约商接触时请求他们帮助定夺，因为承约商在此方面是专家，见多识广。当客户的需求界定之后，便开始着手准备需求建议书了，这就是从客户自己的角度出发，全面详细地论述、表明自己期望的目标或者希望得到什么，这种期望或希望实质上就是项目目标的雏形。当需求建议书准备完毕之后，客户剩下的工作就是向可能的承约商发送需求建议书，以便从回复的项目申请书中挑选出一家自己认为最满意的承约商，并与之签约。至此需求识别告一段落。

需求的识别过程对客户来说至关重要。在现实生活中经常可以碰到这样的例子，当装修公司询问客户需要什么样的布局、风格时，客户却随便说："你看着办吧，只要好就行。"结果会如何呢？也许当房子装修完毕之后，客户说："你怎么装修得如此浮华俗气，你知道我是一个知识分子，房间的布局、风格应充满书香墨气，具有古典之美才对！"责任是很明确的，一方面是客户没有明确告诉委托人他所希望的目标，另一方面是委托人也没有进行充分调查与研究。双方都具有一定的责任。

这里给出一个需求识别的典型例子，假如你感到居住多年的房屋已显得陈旧，希望将房屋重新装修一番，此时需求便产生了。但此时的需求尚处于一种"朦胧"的状态，因为能满足这一愿望的还是一个较大的范围：装修的风格有多种多样，所需花费也相差较多。为此你需要收集相关信息，进行调查研究，并积极同有关的装修公司接触。在这一期间，你可能会走亲访友，现场观看他们房子的装修风格，了解他们的费用支出，也有可能调查市场相关信息，了解有关装修材料的种类和价格，还可能尝试性地与装修公司洽谈，征询他们的意见，总之，你需要做许多工作，以便识别自己的需求，决定费用支出和装修风格、式样。当这些工作结束时，需求产生之时的那种"朦胧"想法已经清晰。最后，便可以把自己确定的想法、要求以及费用支出等明确地写进需求建议书。

3.1.3　需求建议书

需求识别对于项目与项目管理是异常重要的，它意味着从开始时就避免了项目投资的盲目性。一份良好的需求建议书便是客户与承约商沟通的基本前提条件，也是使得项目取得成功的关键所在。

1．需求建议书的内涵与作用

需求建议书（Requirement For Payment，RFP）就是从客户的角度出发，全面、详细地向承约商或项目团队陈述、表达已经识别的确定的需求，以及为了满足这些需求应做的工作。

好的需求建议书能让承约商或项目团队准确把握客户所期待的产品、服务，或客户所希望得到的结果，只有这样，承约商或项目团队才能准确地进行项目识别、项目构思等，从而向客户提交一份有竞争力的项目申请书。仍以前面装修的例子来说，显然客户只向承约商发送一份简单的装修申请是不够的，装修房子只是客户的一种愿望，它并不能使承约商清楚地知道客户具体的需求，或所希望的项目目标是什么。装修风格和式样千差万别，费用也相去甚远，这使得承约商即装修公司无所适从。装修公司显然不知道该如何设计装修的风格和式样，从而也无法向该客户提交项目申请书。为此，客户的需求建议书应当是全面的、明确的，能够提供足够的信息，以使承约商或项目团队能把握客户主体的思想并准备出一份最优秀的项目申请书。

当然，并非所有的情况都需要准备一份正式的需求建议书，如果某一单位产生的需求由内部开发项目予以满足时，这时更多需要的是口头上的交流和信息传递，而不是写需求建议书。例如，当某一软件开发公司感到公司原来的财务分析系统已经远远不能适应日益增加的业务需要时，便可直接要求软件开发小组进行开发，这时只需口头把相关的要求传达给软件开发组即可。

2．需求建议书的内容

一份良好的需求建议书能够让承约商或项目团队完全了解客户的需要，使承约商或项目团队准确把握客户所预期的产品或服务的内容和形式，以及对项目的要求、期望的目标、客户的供应条款和付款方式、契约形式、项目时间等。客户为了全面、准确地向承约商表达自己的意图，就需要认真、充分地准备一份好的需求建议书。

一般来说，客户主要应明确表达以下内容。

（1）项目工作陈述。客户在工作陈述中，必须载明项目的工作范围，概括说明客户要求承约商或项目团队做的主要工作任务和任务范围。如果是一份关于装修的需求建议书，客户首先应让承约商或装修公司清楚他的工作是对旧房子进行装修，其次要说明装修的风格和样式，最后还要说明装修的大致范围。

（2）项目的目标。项目的目标包括交付物、成本、进度等。其中，交付物是承约商或项目团队所提供的实体内容。以一个用以结账和收款的软件系统来说，承约商可能被期望能提供硬件（计算机）、软件（磁盘和一些印刷品）、操作手册和培训教程，交付物也可能包括客户要求承约商或项目团队提供的定期进度报告或结束报告。

（3）项目目标的规定。项目目标的规定是对交付物进行详细的说明，包括交付物的大小、数量、颜色、重量、速度和其他承约商提出的解决方案所必须满足的物理参数和操作参数。例如，对于销售手册而言，要求必须是特定样式的回邮信封，用规定的颜色打印，并随附在销售的产品中，印刷品为每批 20 000 个。而盖房要求可能包括总计 5 000m^2 的面积，共 8 间卧室、2 间浴室、一间双车道车库、一个游泳池，配有中央空调。

有些项目目标的规定会涉及到承约商交付成果的工作成绩。如对自动结账和收款系统，可能包括每天能进行近千余次交易的功能和其他特定的功能。工作成绩往往被客户用来作为检验的标准，承约商应向客户证明交付物能符合项目目标的要求。

（4）客户供应。客户供应主要涉及到项目实施中客户提供的保障及物品供应等。例如，在销售手册项目中，客户在需求建议书中必须表述出将提供的用于手册上的标识语。

（5）客户的付款方式。这是承约商最为关心的内容，如分期付款、一次性付款等。例如，某房地产开发商在需求建议书中约定，在项目启动时支付给建筑公司20%的资金，项目完成一半时支付 30%的资金，项目竣工后再支付剩余 50%的资金。

（6）项目的进度计划。项目的进度通常是客户关注的重要方面，它影响着客户的利益。如及时完成房子的装修可以保证客户尽早地享受舒适的居住条件，因此客户一般都要在需求建议书中对项目的进度作出明确的要求。

（7）对交付物的评价标准。项目实施的最终标准是客户满意，否则承约商很难获得所期望的利润。因此，客户对交付物的评价标准是需求建议书的重要内容。

（8）有关承约商投标的事项。大型项目一般要求采用招投标的方式来选择承约商,通过对若干个承约商的项目建议书或投标方案的比较来确定最后的承约商。这需要客户在需求建议书中对有关投标的事项,如项目建议书的格式及投标方案的内容作出规定,以确保为承约商提供一个公平竞争的环境。在需求建议书中,客户还需要对投标的最后期限作出规定,通常客户会在某一固定的时间(或期限内)把该日期之前的投标方案集中起来,并请有关专家对承约商的投标方案进行评审。因此,最后期限的规定非常重要,它向承约商提示了必须在此日期之前提交有关意向,超过预订的日期所提交的任何申请书都将不予考虑接受。

(9)投标方案的评审标准。客户将用它来评审相互竞争的承约商的申请书,以便从众多的承约商中选择出一家来执行项目。客户的评审标准主要包括:承约商的背景和经历、技术力量、技术方案、项目进度、项目成本等方面。

表 3-1 是一份君陆公司办公楼建设项目的需求建议书。

表 3-1 君陆公司办公楼建设项目的需求建议书

需求单位:君陆公司向具有建设部建筑一级认证企业的承约商征求办公大楼建设。

项目目标:建设 $1234m^2$、3 层高、框架结构的办公大楼。

1. 工作表述

承约商将执行下面任务:主体框架工程建设、建筑设备安装、装修工程。

2. 要求

承约商应根据国家标准建设,提供施工计划和施工方案。

3. 交付物

符合国家建设标准的办公大楼。

4. 公司提供的条款

公司将向承约商提供办公大楼施工图纸。

5. 需求信息

承约商在执行工作之前,必须获得君陆公司对施工方案的认可。

6. 合同类型

合同必须以一个商定的价格,给提供满足需求建议书工作要求的承约商付款。

7. 到期日

承约商必须最迟在 2 月 28 日以前向君陆公司提交 5 份建议书备份。

8. 时间表

君陆公司希望在 3 月 30 日前选中一家承约商。这个项目需要完成的时限是 6 个月,从 5 月 1 日到 10 月 30 日,所有的交付物必须不迟于 10 月 30 日提供给君陆公司。

9. 付款方式

（1）当项目完成了 1/3 时付总额的 1/3。

（2）当项目完成了 2/3 时再付总额的 1/3。

（3）当君陆公司已经满意于项目 100%的完成，并且承约商已经履行了全部契约义务时再付出最后的 1/3 金额。

10. 申请书内容

承约商的申请书应至少包括如下内容。

（1）方法。承约商能清晰地理解需求建议书，理解什么是被期望达到的要求。而且要详细描述承约商领导项目的方法，要求对每个任务有详细的描述，有任务如何完成详细的描述。

（2）交付物。承约商要提供交付物的详细描述。

（3）进度计划。列出甘特图或网络图表，列出每月要执行的详细任务的时间表，以便在要求的项目完成日期内能够完成项目。

（4）经验。叙述承约商最近已经执行的项目，包括客户姓名、地址和电话号码。

（5）人事安排。列出项目主要负责人的姓名和详细经历，以及他们在类似项目中的成绩。

（6）成本。必须说明总成本并提供一份项目预算清单。

11. 申请书评价标准

君陆公司将按照以下的标准来评价所有承约商的申请书。

（1）方案（30%）。承约商提出的大楼建设方案。

（2）经验（30%）。被指定执行此项目的承约商和主要负责人执行类似项目的经验。

（3）成本（30%）。承约商申请书中所列成本支出的合理性。

（4）进度计划（10%）。为了保证按期完成项目，承约商应提供施工计划安排，并进行详细全面的说明。

3.2 项目识别

3.2.1 项目识别的概念

项目识别是解答"如何做"的问题，是搞清楚所接手项目的范围，需要通过何种方式（模式）或途径提供何种产品（服务），涵盖过程和方式两方面。当承约商得到客户发来的需求建议书时，项目识别过程就开始了。所谓项目识别就是面对客户已识别的需求，承约商从备选的项目方案中选出一种可能的项目方案来满足这种需求。

承包商在识别项目时需要考虑的因素如下。

（1）客户的预算是否能够满足其已经识别的需求。

（2）客户识别的需求在经济上是否合理。

（3）客户识别的需求在技术上是否可行。

项目识别阶段不仅要明确项目的产品、服务或要解决的问题，也要识别有关制约因素。制约因素包括地理、气候、自然资源、人文环境、政治体制、法律规定、技术能力、人力资源、时间期限等。此外，在许多情况下还需要识别项目的风险。

项目识别是项目管理人员应当了解的重要问题。项目管理人员不仅接受他人的委托，还应将其想法变成现实。在项目识别后应进行构思、选择，并对其进行可行性研究。

3.2.2 需求识别与项目识别的关系

需求识别和项目识别处于项目生命周期的项目概念阶段，属于项目范围管理的内容。要识别就要作分析，分析的依据建立在调查、收集尽可能多的相关数据和背景材料的基础之上。需求识别和项目识别做好了，合同的形式和范围就容易确定，执行合同时就不会产生歧义。

根据需求识别，才能做项目识别。需求识别是项目识别的前提。项目识别是为了做好项目参与方的定位、签订合同、组织公司资源、组成团队、进行项目策划。项目识别往往是在项目前期完成，而需求识别不但要在项目概念阶段做，在项目的开发阶段和实施阶段也要不断深化，从定性到定量不断地细化和分解。这就是目标管理的动态控制过程，可以使项目的计划切实可行，不断调整更贴近目标。

项目识别与需求识别的不同之处是，需求识别是客户的一种行为，而项目识别是承约商的行为。项目识别和需求识别是相互联系，相互融合的。客户往往在产生需求的同时，就开始和承约商联系。他们向承约商了解各种备选方案的优缺点、经济合理性和技术可行性，甚至还邀请承约商进行实地考察。这样就能使承约商帮助客户更好地识别需求，了解客户的意愿，有针对性地提出解决方案。

3.2.3 项目各参与方的需求识别与项目识别

1. 项目各参与方的需求识别

项目参与各方都要做需求识别和项目识别。这里以建设工程项目为例进行说明。建设工程项目的参与方主要有建设方、管理方、咨询方、设计方、施工方、监理方、检测方、材料设备供应方。各方不管是全过程参与，还是部分阶段的参与，不管是全方位参与，还是部分工作的参与，都可把自己承接的那部分工作看做一个项目，都具有项目生命周期的特征，实施项目管理。

（1）对建设方而言，需求识别是首要大事。首先要识别出建设性质类别、建设规模、建筑功能、建造水准、用户定位、市场定位、期望目标、生产工艺流程要求、设计原则及需重点注意的事项。房产开发商要通过市场调研做需求识别和分析，即使是生产企业的改建扩建工程，也要对使用部门的需求做详细调研。其次项目识别包括项目的总体构思、项目的理念、项目的特点、项目的目标、项目的运作方式、项目的营运方式、建筑场地状况及周边环境、可参考的同类工程实例等。

（2）对管理方而言，要明确是做项目管理服务（PM），还是项目管理承包（PMC）；委托方是充分授权，还是部分授权。在 PM 中是做招标代理，还是造价管理；是做前期报批，还是做综合协调。做 PMC 要有前提，事先要对交付物和验收标准界定清楚。在 PMC 中是采用风险大的总价合同模式，还是采用风险小的成本 + 酬金合同模式。对时间阶段而言，是从立项开始，还是从设计方案评选进入。

（3）对咨询方而言，要理清思路是做技术咨询，还是做管理咨询，或是技术 + 管理咨询；是做全部专业的技术咨询，还是做专项技术咨询（如投资、建筑、智能、结构、地基基础、基坑围护、造价、设备、幕墙等）。对项目过程而言，是做可行性研究，还是做设计阶段咨询；是项目策划咨询，还是全过程咨询。

（4）对设计方而言，要明白是做设计总包，还是做设计分包；是做方案阶段设计，还是从方案做到扩初，直至施工图设计。

（5）对施工方而言，要定好位是做施工总承包，还是做工程总承包，或是做分包；是做设计—采购—施工（EPC）/ 交钥匙，还是做设计—施工（D-B），或是设计—采购（E-P），或是采购施工（P-C）。

（6）对有投融资能力的工程承包单位，要搞清楚是做建设—转让（BT），还是做建设—经营—转让（BOT）；是做建设—拥有—经营（BOO），还是做建设—拥有—经营—转让（BOOT）。

（7）监理属咨询范畴，提供技术+管理的服务，也要明确服务的范围是三控三管一协调，还是质量、进度、安全、信息等部分方面工作。

（8）检测和材料设备供应可归入施工范畴，提供设计—施工或设计—采购—施工的服务。

2. 需求识别与项目识别的具体体现

设计任务书、招投标文件、合同、项目建议书是需求识别和项目识别的具体体现。

（1）设计任务书。设计任务书是需求识别的产物，是将建设方的需求用专业语言来表达。建设方的需求也有一个成熟的过程，时常建设方不能一下子讲清楚需求，要逐步理顺思路，所以变更需求是常见的。这就要求项目管理（咨询）公司或招标代理机构，甚至是设计方必须追踪建设方的需求，直到搞明白为止，并留有书面文件，请建设方确认。有能力的建设方，可根据将来用户的信息或市场信息，自行做需求识别，进而做项目识别。建设方也可委托项目管理（咨询）公司或招标代理机构做。

（2）招标文件。招标文件是建设方，或项目管理（咨询）公司，或招标代理机构需求识别和项目识别的产物。招标文件清晰地描述了建设方的需求和项目的目标、性质、条件、范围等，是要约。

（3）投标文件。投标文件是投标单位作了需求识别和项目识别后对招标文件的响应，是承诺。

（4）合同。合同是委托方和被委托方对需求识别及项目识别进行充分沟通后，对要约和承诺有一致的理解后所达成的共识。

（5）项目建议书。项目建议书是项目管理（咨询）公司，或监理公司、招标代理机构以自己掌握的包括对建设方需求识别在内的工程项目信息和项目识别对本项目的理解，根据以往的工程经验综合如何做项目的建议，及表明有能力做好该项目的依据，向建设方发出的要约，以供建设方抉择。不是被动地等待委托，而是能动地、积极地追踪项目，以自己的理念和思路影响建设方，这是被委托方的营销策略。

3.3　项目构思

项目构思，又称项目创意，是指承约商或项目团队为满足客户需求，在需求建议书所规定的条件下，为实现客户的预定目标所作的实施设想。

构思在很大程度上是一种思维过程，是对未来事物的一种想象和描绘，当然这种想象和描绘并非天马行空，无所约束。因此，项目构思是对未来投资的项目目标、功能、范围以及项目涉及的各主要因素和大体轮廓的设想和初步界定，它通过对各种可能的项目方案的调查研究、对比分析、综合判断，提出满足客户需求的最佳方案。

项目构思是项目策划的基础和首要步骤，其实质在于挖掘组织可能捕捉到的市场机会。项目构思的好坏，不仅直接影响到整个项目的成败，而且涉及到项目策划过程的繁简程度、工作量大小等。

3.3.1 项目构思的内容

进行项目构思要考虑的内容有哪些呢？一般来说，进行项目构思时，要考虑如下内容。

（1）项目的投资背景及意义。

（2）项目投资方向和目标。

（3）项目投资的功能及价值。

（4）项目的市场前景及开发的潜力。

（5）项目建设环境和辅助配套条件。

（6）项目的成本及资源约束。

（7）项目所涉及的技术及工艺。

（8）项目资金的筹措及调配计划。

（9）项目运营后预期的经济效益。

（10）项目运营后社会、经济、环境的整体效益。

（11）项目投资的风险及化解方法。

（12）项目的实施及其管理。

3.3.2 项目构思的过程

一个成功的令客户满意的项目构思不是一蹴而就的，它需要一个逐渐发展的过程。项目构思一般分为三个阶段：准备阶段、酝酿阶段和调整完善阶段。

1. 准备阶段

项目构思的准备阶段即进行项目构思的各种准备工作的阶段，一般来说它包括以下工作和内容。

（1）明确拟定构思项目的性质和范围。

（2）通过调查研究，收集项目构思所需的资料和信息。

（3）进行资料和信息的初步整理工作，去粗取精。

（4）研究资料和信息，通过分类、组合、演绎、归纳、分析等多种方法，从所获取的资料和信息中挖掘有用的信息或资源。

2. 酝酿阶段

酝酿阶段一般包括潜伏、创意出现、构思诞生三个小过程。潜伏过程实质上就是把所拥有的资料和信息与所需要构思的项目联系起来，通过全面系统地反复思考，进行比较分析。创意出现就是在大量思维过程中出现的与项目有关的独特新意，但这些想法或构思又不完全成熟或全面。构思诞生就是通过多次、多种创意的出现和反复思考形成项目的初步轮廓，并用语言、文字、图形等可记录的方式明确表现出结果。

酝酿阶段对于整个项目构思阶段非常重要。因为在这一阶段能否出现独特的创意，往往会成为决定整个项目未来蓝图的关键环节。

3. 调整完善阶段

项目构思的调整完善阶段，是指从项目初步构思的诞生到项目构思完善这一过程。它又包含发展、评估、定型三个具体的小阶段。

所谓项目构思的发展，就是对诞生的构思进行进一步的分析和设计，在外延和内涵上作进一步补充，使整个构思趋于完善。评估就是对已形成的项目构思进行分析评价，或是对形成的多个构思方案进行评价筛选。定型就是在发展和评估的基础上进行进一步的调查研究，并分析已形成的项目构思是否令客户满意、是否符合实际情况、是否能获得预期的经济效益、资源是否充足、成本是否合理，最终将项目构思具体化为可操作的项目方案。

项目构思的三个阶段，体现了一个渐进发展的过程，只有每个阶段、每一个步骤的工作做得扎实了，才能达到理想的目标。

3.3.3 项目构思的方法

项目构思是一种创造性的思维活动，没有固定的方法、模式可循，需要针对具体的项目进行具体的分析，从而产生特有的构思。项目管理者经过长期的实践总结出以下常用的方法。

1. 项目混合法

根据项目混合的形态，项目混合法又分为两种形式：项目组合法和项目复合法。

所谓项目组合法，简单地说，就是把两个或两个以上项目相加，形成新项目，是项目构思时常采用的最简单方法。投资者（或客户）为了适应市场需要，提高项目的整体效益和市场竞争力，依据项目特征和自身条件，往往将企业自有或社会现在的几个相关项目联合组成一个项目。

项目复合法就是将两个以上的项目，根据市场需要，复合形成一个新的项目。与项目组合不同的是，项目经过复合后，可能变成性质完全不同的新项目，而经过组合后的项目基本上仍保留原被组合项目的性质。

项目组合法与项目复合法的不同之处如表3-2所示。

表3-2　项目组合法与项目复合法

方　法	特　点	举　例
项目组合法	组合后的项目仍然基本保留原有项目各自的特点	组合家具、组合音箱、组合机床等不改变原先单独各自的性质，只是将其简单组合，产生功能
项目复合法	复合后的项目变成与原有项目性质完全不同的新项目	高效复合化肥，它改变原有化肥的物理化学性成为一种新的化肥

2．比较分析法

比较分析法是指项目策划者通过对已经掌握或熟悉的项目——既可以是成功的项目也可以是失败的项目，进行横向或纵向的比较分析，从而挖掘和发现新的项目投资机会。这种方法比混合法要复杂，需要对项目进行内涵和外延的深入思考和研究，要求项目策划者掌握大量的信息和资料，并具有一定的思维深度。

3．集体创造法

集体创造法，顾名思义就是集思广益，通过集体的力量共同创造的方法。一个成功的项目构思涉及的问题、因素、领域众多，需要大量的信息、丰富的知识和多层次的思维。项目构思光靠个人往往很难完成，只有发挥集体的力量，共同创造，取长补短，相互激发，才能获得完善的项目构思方案。集体创造法一般有以下四种方法。

（1）头脑风暴法。头脑风暴法是一种多人集思广益的创造构思方法。

（2）逆向头脑风暴法。逆向头脑风暴法是假设已有的构思存在着或多或少的缺陷，然后针对构思中的不足加以讨论、解决。这种方法不是进行新的项目构思，它常用于项目构思方案的调整、修正和完善。

（3）多学科法。多学科法是根据构思项目的性质和特征，选择相关多学科的专家来进行共同的研究和讨论。其目的是考虑项目所涵盖的方方面面，做到取长补短。一般的，与项目相关的专家包含各专业的技术专家、营销专家、投资分析专家、金融专家、环保专家、投资决策者、执行经理人、行业负责人等，同时应请外部的专家担任小组的组长,负责归纳整理小组成员的意见,并进行总结,提出建设性意见。

(4)集体问卷法。集体问卷法就是以问卷的形式,让每一位参与者解答相关的主要问题,提出自己的看法、设想,并且在一定时间内将问卷收回,进行统一的整理、归纳和总结,再提交集体讨论会做进一步的研究、讨论、比较和筛选,并最终形成一致的项目构思。

4.创新法

除了几种较为传统的方法外,项目策划者在实践中又总结了如下几种新方法。

(1)信息整合法。信息整合法是将通过各种途径获取的信息整理后,把不同性质的信息进行相互"交合"、"杂交",可以生成创新构思。例如,某企业整合人们日益注重自身保健和对健康食品需求的不断增加这两种信息,策划了具有医药疗效的食品研制项目,该食品推向市场后备受消费者欢迎。

(2)聚集式创新。这种方法是使头脑中的许多创新思维向某一思维结点发起创新攻势。它的基本功能是抽象、概括和判断。

(3)发散式创新。这种方法就是从某一研究和思考的对象出发,充分发展想象思维,从一点联想到多点联想,在对比联想、接近联想和相似联想的广阔领域中分别涉猎,从而形成项目构思的扇形格式,产生由此及彼的多项创新思维。例如,美国纽约港口的自由女神像翻新时形成了约 200 吨废料,有人从综合利用出发联想到多种废物利用的途径,巧妙地将废料制成纪念品,从而获得了良好的经济效益。

(4)逆向式创新。人们一般采用的是顺向思维方式,而这种逆向式创新的思维法反其道而行之,故有其独特性,且能获得独特的效果。

3.4 项目选择

项目选择是指项目组织按照自己的意图和目的,在调查分析和研究的基础上对项目投资的方向、规模、结构以及风险等方面进行技术经济分析,判断投资项目是否必要和可行的一个过程。它也是一个一致性的、客观的对项目本身和所处的环境进行评价和分析的过程。规范的项目管理流程就是来源于一个规范的、科学的项目选择过程。

在一个以项目为主体的组织中,作为候选项目所需要的资源总是比组织所能提供的资源多,不同的项目必须要为有限的资源而竞争。作为一个组织,必须要考虑哪些项目应该获得优先权并给予资源上的支持,做到资源利用最优化。没有一个系统和有效的项目选择过程，组织中项目的实施就很难做到支持组织战略，更无法有效地利用组织中的有限资源，还会在项目团队中造成沮丧和困惑，降低组织整体的内部效率。

3.4.1　项目选择的过程

1．项目选择过程的基本阶段

一个标准的项目选择过程应该包括五个阶段：项目构思阶段、可行性研究阶段、自我评估阶段、专家评估阶段、排序注册阶段。项目选择时，可以严格遵照这个过程实施，也可以不完全地遵守这一流程。图 3-2 是一个基本的项目选择过程，列出了组织资源与项目控制和后评估阶段。

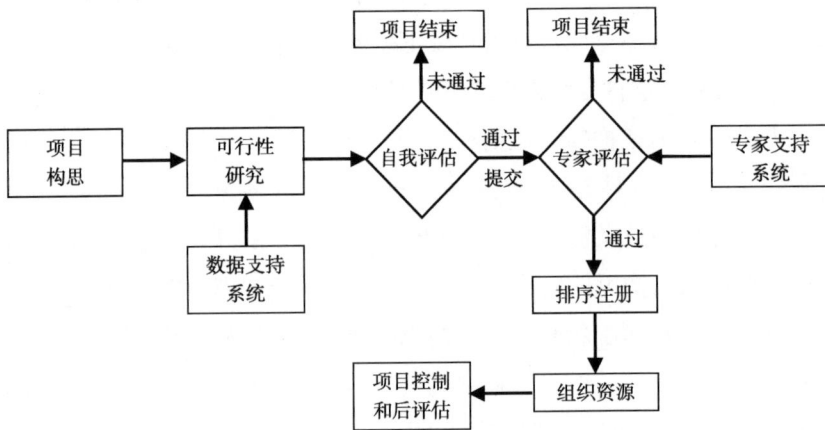

图 3-2　基本的项目选择过程

（1）项目构思阶段。这个阶段的主要任务是从项目构思开始，收集有关信息，为项目的初步形成做准备。这个阶段主要围绕以下四个问题而产生。

1）我们需要做什么样的东西？

2）我们做这个东西的依据是什么？

3）我们是为谁做这个东西？

4）这个项目大概的费用和所需时间是多少？

（2）可行性研究阶段。在分析了以上四个问题后，临时的项目团队开始进入第一个正式的工作程序——对项目进行可行性研究。这个阶段主要由以下五个步骤组成。

1）对项目做一个大概的描述。描述的内容应包括如下几点。

● 项目的背景，包括项目面临的机遇或要克服的问题、项目和组织战略的联系。

- 项目的可交付成果是什么？
- 实现项目目标的策略是什么？
- 大概什么时候完成？
- 大概的费用是多少？
- 项目有什么样的资源要求？
- 项目的风险会是什么？
- 项目的限制会是什么？
- 项目的假设是什么？
- 项目的质量考核标准是什么？

2）具体描述成立该项目的原因和需求。描述的内容应包括如下几点。

- 项目的利润是多少或者项目能节省多少资源？
- 项目的盈亏点是多少？
- 有无除经济理由外的理由，如促进组织文化建设等？
- 项目给公司带来的机会是哪些？
- 项目的市场需求是什么？
- 描述项目利益相关者可能会是哪些人，他们对该项目不同的需求分别是什么？

3）描述项目团队的组成。描述的内容应包括如下几点。

- 项目经理、团队成员的权利和义务是什么？
- 项目经理、团队成员在该项目中有多少时间？
- 项目需要的团队技术会是什么？可行性如何？
- 项目客户和项目团队的关系是什么？
- 项目团队的考核标准是什么？

4）编写可行性研究报告。可行性研究报告应从经济、技术、生产、法律等各方面进行具体分析，确定有利和不利的因素，讨论项目是否可行，估计项目成功率、经济效益、社会效益和风险程度。

5）把以上几个部分融合在一起写出项目建议书，对拟建的项目做一个总体轮廓的描述。

（3）自我评估阶段。项目团队成员对照项目评估审查机构公布的评判标准进行自查，对项目的几个基本要素和合理性进行初步自我审核和评估。基本要素主要包括：信息的完整性和格式，是否符合组织的基本要求，项目报告的可读性。自我审核结束后项目团队向项目评估审查机构提交他们认为合格的项目报告。

（4）专家评估阶段。这个阶段是项目选择过程中最重要的阶段。项目团队在提交了项目建议书后，将由专门的项目管理机构根据固定的评估程序和标准对项目建议书进行讨论和审核，对于合格的项目予以批准。

专家评估阶段通常需要制定合理的项目选择模型。项目选择模型的制定是整个项目选择系统中的核心，它是与组织的特性紧密联系在一起的。个体组织的行业特征、对风险的承受程度、科技含量、竞争力度、管理风格和市场需求等决定了每个组织都有属于自身的项目选择模型。一个好的项目选择模型有如下好处。

1）更好地规划组织资源。

2）更好地利用组织资源。

3）更好地平衡组织的内部风险和机会。

4）使高层管理者能更有效地关注那些在战略层面上的重要项目。

5）为组织提供可控的持续发展动力。

在组建项目评审部门的时候，不仅要确保评审人员来自组织内的各相关部门，还要确定评审人员的责任和权利。项目评审部门一般都拥有以下权利和职责。

1）根据评估标准评估项目建议书。

2）对项目建议书提出意见。

3）公布评估结果，保证评估过程的公平性。

4）平衡组织内项目的组合。

5）对审评后的项目进行后续的跟踪和评估。

6）制定评估标准并确保该标准是不断更新以符合组织发展需要的。

项目选择模型中标准的制定一般都是多元化的，应该从多个角度出发来对项目进行评估和判断。项目评审部门在制定了标准后，应该根据这些标准的重要性而赋予它们不同的权重值。在制定了项目决策模型后，评审部门应该做到以下几点。

1）把项目决策模型在组织内部公开，使项目团队可以提前根据决策模型的标准进行自测。

2）制定出项目建议书的格式，最好能同时提供一些固定的工具帮助项目团队起草项目建议书。

表3-3中的内容是用于项目选择的一些参考标准，这些标准和赋予它们的权重有可能因组织不同而有所不同。在具体的实施过程中，项目评审部门对于各项项目标准和权重还应该有一个具体和明确的描述。权重值可以分布在0~10之间，以表示该项项目标准对于组织的不同重要性。然后项目评审部门根据这些标准和权重值

来评估项目对于组织贡献的大小。同时，这些指标及其权重值也构成了项目决策系统中起决定因素的一部分。

表 3-3　项目选择参考标准

选择目录	标　　准
组织上的考虑	战略上的重要性
	市场需求和份额
	对组织的利益
	和别的项目的联系
	对组织能力的要求
成本利益分析	项目利益回收率
	成本回收期
	年收益率
	机会成本
	对组织业务发展的支持
	其他的利益
客户	是否有利于客户满意度的提高
项目利益相关者	对各种项目利益相关者的影响
技术上的需求	需要技术的可及性
	需要设备的可及性
	需要人员的可及性
风险	技术上的风险
	管理上的风险
	市场上的风险
竞争力度	项目的竞争力度如何
创新力度	项目的创新力度如何
影响	项目还可能产生的其他影响

在实施项目决策模型时，对于所评估的项目都应一致对待。此外，在注重决策过程公平性的时候，还要注意决策过程的整合性，即对组织资源、沟通渠道和控制机制的综合管理。在实施项目决策模型中，评审人员还要面对来自各个方面的压力，必须有足够的政治技巧来实施项目决策系统。

（5）排序注册阶段。这个阶段主要是由评审人员对于评审合格的项目按照项目建议书得分的多少进行排序。在多项目的情况下，评审委员会根据项目建议书得分的多少由上至下分配资源。对于个别项目，项目评审委员会可以根据所评出来的结果进行分析，根据组织的实际情况来决策。

在项目评审委员会决定批准项目后，项目经理应该在这个阶段被正式任命，项目团队开始在公司的项目管理数据库中注册项目的相关资料。注册一般应包括下列信息。

1）为项目注册一个编号。

2）指定项目支持者。

3）记录项目参与者的信息。

4）备案项目资料。

2. 项目选择模型

所有组织都在尝试建立一个或多个项目选择模型，来帮助他们在一定时间和资金的约束下做出最好的选择。但是这样就会产生一个问题：这样的筛选模型真的是有效的吗？管理者在选择评估模型时一般需要注意以下五个问题。

（1）实用性。模型应该真实反映管理者的决策环境，包括企业和管理者的多重目标。首先，一个有效的方法必须反映组织的目标，包括企业的战略目标和任务；其次，方法的决策标准必须要考虑资源上的限制，如人、财、物等；最后，模型必须要考虑商业和技术上的风险，包括效率、费用和时间。

（2）可比较性。所选择的模型应该能适用于不同类型项目的选择。如果一个模型的适用范围非常狭窄，那么它就不能用来对项目进行比较选择。

（3）灵活性。由于外部环境的不断变化，以及企业自身的目标也可能发生变化，这就要求项目选择模型应该能够根据企业可能遇到的各种情况给出正确的结果，即模型应该具有易于调整或自我调节的能力。

（4）易用性。模型应该易于理解和使用。对模型应该不需要做出特殊的解释，模型所需的数据也应当是易于获得的，不需要投入过多的人员或难以得到的设备。模型的各变量应该与那些被管理人员认为对项目非常重要的实际变量一一对应。

（5）成本。数据收集和建立方法的成本要低于相应的项目成本，而且必须低于项目未来的预期收益。如果一个模型需要耗费较多的时间或财力，应该拒绝使用该模型。

项目选择模型一般分为两类：数学模型和非数学模型。数学模型主要包括利润/盈利能力模型、评分模型和层次分析法等。非数学模型有比较利益模型等。

（1）利润/盈利能力模型。这是数学模型中一类重要的模型。当项目的现金流可以被清晰估计时，财务指标是进行项目选择需要考虑的重要因素，这时大多数企业在选择项目时把财务方面的利润/盈利能力作为重要度量标准。利润/盈利能力模型主要从净现值、投资收益率、投资回收期等几个指标来进行分析。

利润/盈利能力模型具有很多优点：模型简单易用，容易理解；可以使用容易获取的财务数据来表示现金流量；企业决策者非常熟悉模型的术语；除了个别例外情况，模型的结果都是确定的利润/盈利能力值，可做出明确的"接受或拒绝"决策；有些利润模型考虑了项目风险。但同时，它也存在一些缺点，如忽视了风险以外的非货币因素；非折现模型忽视了现金流量的时间性和货币的时间价值；把现金流量折算为现值的模型偏重于短期分析；投资回收期模型忽略了回收期之后的现金流量；内部收益率模型可能会产生多个可行解。

（2）评分模型。评分模型是基于多个标准来进行项目选择的方法。评分模型有非加权 0-1 因素模型、非加权因素评分模型、加权因素评分模型和带约束的加权因素评分模型等几种类型。

评分模型的主要优点如下。

1）可以使用多个标准进行评估和决策，包括利润/盈利能力模型指标中的一些有形和无形的标准。

2）结构简单，容易理解和应用。

3）直接反映管理政策。

4）便于修改以适应环境或管理政策的变化。

5）加权因素评分模型允许一些标准有不同的重要性。

6）这些模型易进行敏感性分析，多个标准的平衡关系一目了然。

其缺点如下。

1）评分模型的结果是相对的，项目得分结果并不代表与之相对应的价值和效用，也不能直接表明项目是否应该得到支持。

2）一般来讲，评分模型是线性模型，它假设模型中的要素都是独立的。

3）模型中包含大量的标准，但其中许多标准的权重非常小，以至于它们对项目的总分没有什么影响。

（3）层次分析法。层次分析法思路简单明了，尤其是紧密地与决策者的主观判断和推理联系起来，对决策者的推理过程进行量化的描述，可以避免决策者在结构复杂和方案较多时出现逻辑推理上的失误，减少了主观因素带来的误差，但也存在一定的不足之处。

（4）比较利益模型。当企业有很多备选项目但又缺乏准确的方式来定义和衡量"收益"时，就可以用比较利益模型来选择项目。比较利益模型（Comparative Benefit Model）通过排序的方法来选择项目。比较利益模型首先根据每个项目的优势和劣势，将项目分为 3 组——好、中和差。如果某组内有 8 个以上的项目，就可以进一步细分为两类，如中上和中下。当每个类别只有 8 个或小于 8 个项目时，每类下面的项目就按最好到最差的顺序进行排列。需要再次强调的是，排序时应依据各个项目的相对优点进行。评估人员可以采用特定标准对每个项目进行排序，也可以简单地采用整体判断的方法进行排序。比较利益模型操作步骤如下。

1）为每位参与评估者准备一副卡片，每张卡片上有项目名称和项目内容。

2）让每位参与者把卡片分为两堆，一堆代表优势项目，一堆代表劣势项目（两堆数量不必相等）。

3）让每位参与者从每一堆中选取一些放成一堆，代表中等优势项目。

4）让每位参与者从优势卡片选取一些放成一堆，代表最优势项目，从劣势卡片选取一些放成一堆，代表最劣势项目。

5）最后，让每位参与者考虑自己的选择，权衡每张卡片摆放的位置，直到满意为止。

3.4.2 项目建议书

1. 项目建议书的含义

项目建议书（Project Proposal）是项目发起方向项目主管部门呈报的项目申请，是投资机会的具体化，是项目得以成立的书面文件。项目建议书一般由提出项目的单位或部门编写，也可由他们委托第三方（如有关设计院或咨询公司）经调研后编写。项目建议书是项目发展周期的初始阶段基本情况的汇总，是对项目提出的框架性的总体设想。往往是在项目早期，由于项目条件还不够成熟，仅有规划意见书，对项目的具体方案还不明晰，因此，项目建议书主要论证项目的必要性，项目方案和投资估算不够精确。项目建议书可供管理决策者作出初步决策，以减少项目选择的盲目性，为下一步可行性研究打下基础。涉及利用外资的项目，在项目建议书批准后，方可开展对外工作。

2. 项目建议书的内容

项目建议书是由项目发起人在确定了项目需求后编写的。一个标准的项目建议书包括封面、标题、摘要、项目所要解决问题的介绍、项目目标、项目所要采用的方法、评价体系、任务分配、预算、附录等部分。在很多组织中都专门规定了项目建议书应包含的内容和格式。虽然不同的组织使用不同的词汇或者提出不同的框架，但在大多数组织中项目建议书需要的基本信息都是相同的。由于制作项目建议书的目的是为评估项目建议书的专家提供相关的项目信息，并使这些专家相信解决方案的适当性、可行性，因此，项目建议书中包含的信息应该全面并具有说服力，阐述要具有逻辑性，并且要按照解决方案的步骤来解释原因。下面对项目建议书的具体内容做详细介绍。

（1）封面和标题。项目建议书的封面应该专业、精确、整洁，标题应该清晰和明确。一个好的项目建议书的封面应该包括项目的名称、项目团队的名称、提交项目建议书的时间。如果项目团队与其他团队或机构合作编写建议书，应在标题页或封面页写上合作团队或机构的名称。

项目建议书的标题也是很重要的。如果把项目建议书的标题看做一个袖珍的摘要，一个好的标题应该能够描绘出一幅简要的图画，来帮助阅读者抓住项目的中心思想。此外，标题应尽量只用一个句子，把不需要的词汇从标题中删去。例如，"由××公司发起的在××地方进行的××高尔夫球场的初步建设项目的项目建议书"作为标题，就不如"××高尔夫球场初步建设项目项目建议书"好。

（2）摘要。在项目建议书的起始页或封面页上，可以写一到两句项目建议书摘要。摘要的最大优点就在于可以让审议项目建议书的专家在一开始就对所建议的项目有一个比较好的了解。一个标准的摘要应该大致描述项目的目的、基本的范围、成本目标和时间目标。下面是一个标准摘要的例子。

"××项目是一个改善××号生产流程的项目，该项目耗时一年，需要投资 20 万元人民币。项目将在三个车间开展，内容包括流程分析、再造和培训。"

（3）简介。简介部分是确立整篇建议书基调的部分。要写好简介部分，项目团队应该在建议书编写前与项目审议者进行沟通。一个好的简介应该是从项目审议者的角度来介绍项目的背景和构思，并把项目审议者最感兴趣的问题和项目对资金的需求联系起来，让项目审批者认为他们正在审议的项目是能够增加价值的。一个好的项目建议书的介绍应该是"我们的项目能够为组织做些什么"而不是"组织的资金能为我做些什么"。

（4）问题/需求/情况描述。项目建议书的最终目的是劝说拥有资金的一方来支持启动一个新的项目，对问题的描述主要是用来说明项目团队所建议的项目是确实能满足需求的。无论是劝说潜在的客户购买项目商品或服务，还是说服管理层投资一个项目或者执行自己发起的一个计划，其总体目标都是提供一个解决方案，以产生一定的产品来满足一定的需求。项目计划书应该明确地指出项目中提出的解决方案将如何帮助投资方满足他们的需求。项目建议书的阅读者将会通过获取他们所关心的项目信息来评价项目团队的计划。这些项目信息通常包括：现在面临的问题是什么？问题所产生的影响或后果会是什么？项目团队的建议是什么？项目团队计划怎么实现这个建议？项目团队什么时候完成这个建议？项目团队的建议将花费多少钱？……

为了做好这项工作，项目团队必须了解评审项目建议书专家的知识水平，并且考虑到这些专家的立场。更重要的是，项目团队必须考虑到这些专家来自不同的领域，所以应该在充分理解这些因素后采用合适的词汇和方式来吸引他们。项目团队也许会需要用非技术性的或易于理解的语言来为特殊专业领域之外的人写一份执行摘要，或者提供术语表来解释建议书正文中涉及的专业术语，或者添加附录以通常能够理解的词汇解释技术信息。从项目为整个组织的战略服务的角度出发，一个具有战略意义的项目建议书还应该具体说明该项目的战略和商业需求，以及项目是如何为满足战略需求服务的。

（5）解决方案。项目团队提出来的解决方案应该成为项目的一份执行摘要。繁忙的评审专家可能只有时间阅读在项目建议书中提出用来解决问题的一个构想，而没有时间看项目建议书后面的可行性研究方案。解决方案的思路要明确、简练，只需要对一部分要点进行详细的阐述。项目的解决方案应该具备以下特征。

1）对项目所要开展的技术路线和管理流程的论证和陈述。

2）解决方案应该使得评审人理解项目开展后所应该遵循的一个逻辑框架结构和流程。

3）在解决方案中要让项目投资者意识到整个项目所有的工作都是从解决项目出资方的需求或者问题来开展的。

（6）商业论证（成本/收益分析）。好的商业论证（成本/收益分析）应该具有以下特征。

1）应该确定有形的和无形的项目收益。

2）确定项目的期初投资成本，项目的预期利润（净现值）、投资回报率、投资回收期。

3）项目的盈亏平衡点及影响预期利润的显著风险。

4）建议的项目风险准备金。

（7）风险分析和机会识别。项目建议书中的风险分析应该根据预算、进度、范围和质量的要求来识别项目的初步风险，从而让项目团队能够构思一个大概的计划。项目建议书中还应该初步识别在项目的开展过程中将有哪些机会会促使项目成功，以及为了最大化这些机会应该做些什么。

3．制定项目建议书的原则

在项目建议书编写的过程中，应当预料到评阅专家可能提出的各种问题，并从项目建议书特定的立场给出回答。项目团队在写作中应考虑到争论的所有方面，在有可能的情况下同时提供其他的解决方案。在提供几种选择方案后，还需要说明为什么项目团队推荐的方案比其他方案更加可行。编写项目建议书的一个核心问题就是：项目团队需要让资金提供者相信要解决的问题是重要的，本项目团队则是解决这方面问题的最合适人选。一个好的项目建议书应该做到以下几点。

（1）正确和无偏见。项目建议书中提供的信息必须是客观的，陈述应该实事求是，而不是不符合客观事实的描绘。

（2）清晰。项目建议书中的内容应该很容易为所有项目利益相关者理解，对专业术语应该做出解释，避免用词模糊。

（3）有效。在制定的过程中要注意，项目建议书所含的信息应该在项目设计阶段的假设分析和制约条件分析中列出，以供项目决策者做出是否批准项目的决定。

4．项目建议书的意义

项目建议书是为了获取组织对项目的批准而正式提交给组织管理决策者的第一份正式的项目文件，是项目设计阶段的主要成果之一，其意义主要体现在如下几点。

（1）项目建议书可以使组织的管理层在项目的组合和选择阶段对各种项目构思进行比较，以此来决定组织要启动哪些项目，或者说要开展哪些项目来支持组织的战略。

（2）项目建议书可以为组织的管理层提供一个全面了解项目的机会，这些决策者可以在对项目建议书中的内容进行综合评估后，做出对项目批准与否的决定。

（3）项目建议书可以在组织内部作为模板来使用，最大的一个优点就是可以规范组织在项目设计阶段的流程和设计，使得组织在项目的启动决策过程中做到决策标准的一致性和决策行为的规范化。

（4）项目建议书可以使项目团队对项目产生的背景、项目的需求、项目的构思、工作的方法和项目在开展过程中可能遇到的风险有一个比较全面的了解，从而使得项目团队在执行工作中能够对项目工作有一个比较全面的了解。

（5）制定项目建议书本身就是一个小项目，项目发起人应该为项目建议书的制定提供一定的成本预算。项目的发起人应该认识到用于项目建议书的成本在整个项目中的重要作用。提高项目建议书的质量意味着更加完善的项目构思，并且说服决策者投资项目的可能性也会得到显著提高。

复习思考题

一、判断题

1. 项目需求建议书是承约商向客户发出的建议书。　　　　　　　（　　）
2. 需求识别与项目识别的不同之处在于需求识别是承约商的一种行为，而项目识别是客户的行为。　　　　　　　　　　　　　　　　（　　）
3. 项目构思与项目创意没有本质的区别。　　　　　　　　　　（　　）

二、单选题

1. 下列说法不正确的是（　　）。
    A. 需求识别是项目概念阶段首要的工作
    B. 需求是产生项目的基本前提
    C. 需求识别是是一个认识逐步深入和清晰的过程
    D. 需求是客户的个体行为

2. 下列有关项目需求建议书的正确表述是（　　）。
    A. 项目需求建议书中包括项目团队对项目客户的要求
    B. 项目需求建议书中包括项目目标说明、完工时间等要求
    C. 项目需求建议书必须是正式的
    D. 以上内容均正确

3. 下列关于项目构思的说法，不正确的是（　　）。
    A. 一个渐进发展的过程
    B. 项目策划的基础和首要步骤

C. 由于项目构思是一种创造性的思维活动，因此没有方法可供借鉴

D. 分为准备、酝酿和调整完善三个阶段

三、多选题

1. 需求建议书的内容包括（　　）。

　　A. 满足其需求的项目工作陈述　　　　B. 对项目的具体要求

　　C. 客户供应条款　　　　　　　　　　D. 客户付款方式

2. 可借鉴的项目构思方法包括（　　）。

　　A. 项目复合法　　　　　　　　　　　B. 逆向头脑风暴法

　　C. 工作分解结构　　　　　　　　　　D. 发散式创新

四、思考题

1. 项目的需求是如何产生的？如何识别这些需求？请描述一下你在日常生活中识别需求的情境。

2. 为什么做一份全面而详细的需求建议书是重要的？它至少包含哪些内容？

3. 举例说明项目构思的过程。

4. 阐述项目选择过程。

五、案例分析

　　西部新星有限公司是一家大型的商业软件和应用程序开发公司。在过去的三个季度里，该公司在运作收益上一直处于低谷。高层管理团队已经感受到来自董事会的压力，并决定开发一系列新产品来增加收益和实现盈利。作为公司新产品开发部的副总裁，菲利斯·亨利将负责这项工作。

　　经过几周的工作，菲利斯·亨利和他的团队已经选定了几个项目，其中有两个争议最大，一个是软件开发部门提议的"双面神"项目，另一个则是由商业应用部门支持的"双子星"项目。由于预算限制，公司无法同时进行这两个项目，必须在这两个项目中选择一个。菲利斯让产品开发部中的两个独立小组分别对这两个项目进行评估。

　　菲利斯要他们准备两个项目的评估报告，以便从中做出选择。经过几周的分析，报告被呈到了菲利斯的手上。

　　第一个评估小组使用了基于西部新星有限公司战略的评分模型，评价指标包括：

战略符合、技术成功的可能性、财务风险、潜在收益、战略作用（项目使用和增强企业资源及技术性能的能力）。该小组对两个项目的评估如表 3-4 所示，分值设置为：1=低，2=中等，3=高。

表 3-4　第一个评估小组的评估结果

"双面神"项目				"双子星"项目			
指　标	权重	得分	加权分	指　标	权重	得分	加权分
1. 战略符合度	3	2	6	1. 战略符合度	3	3	9
2. 技术成功的可能性	2	2	4	2. 技术成功的可能性	2	2	4
3. 财务风险	2	1	2	3. 财务风险	2	2	4
4. 潜在收益	3	3	9	4. 潜在收益	3	3	9
5. 战略作用	1	1	1	5. 战略作用	1	2	2
总　分			22	总　分			28

第一个评估小组的结果显示"双子星"项目是最后的选择，但是，菲利斯同样也得到了来自第二小组评估的一份使用净现值分析的评估结果。假设要求的收益率为 15%，预期的通货膨胀率为 3%，第二个小组的评估结果如表 3-5 所示。

表 3-5　第二个评估小组的评估结果

"双面神"项目		"双子星"项目	
初始投资为 25 万美元		初始投资为 40 万美元	
项目生命周期为 5 年		项目生命周期为 3 年	
预期现金流	第 1 年为 5 万美元	预期现金流	第 1 年为 7.5 万美元
	第 2 年为 10 万美元		第 2 年为 25 万美元
	第 3 年为 10 万美元		第 3 年为 30 万美元
	第 4 年为 20 万美元		—
	第 5 年为 7.5 万美元		
累计净现值为 60 995 美元		累计净现值为 25 695 美元	

不同的方法对两个项目进行评估得到了不同的结果。评分模型显示"双子星"项目是最好的选择，而净现值模型显示"双面神"项目更好。菲利斯马上就要答复这两个高级管理团队，但问题还相当多。

问题：

1. 菲利斯将如何解释造成这种分歧的原因？这两种模型的优缺点分别是什么？

2. 根据上面的分析，你认为西部新星有限公司会选择哪个项目？说明理由。

第4章
| 项目启动与项目目标

本章学习目标

本章主要介绍项目启动与项目目标的相关知识，包括项目启动的依据、过程、方法和结果等，项目目标的定义与确定、相互间的平衡关系，里程碑计划与制订，以及项目章程的编写等相关内容。

重点掌握：项目目标、里程碑计划、项目章程的相关概念、内容、方法与流程。

一般掌握：了解项目启动的依据、过程、方法和结果。

引导案例

狂热启动，失败告终

KT 公司的老板王总要到欧洲考察两个月，公司有个常务副总姓张。张总送王总到机场，在等飞机的时候，王总从一本杂志上看到许多企业都在推行 ERP，王总就对张总说："老张，我看这个 ERP 还不错，我们公司能不能也搞一搞？"张总回答道："只要是先进的、对企业有用的，我们就应该上，也可以上。王总，我回去就落实这件事。您不是去欧洲两个月吗？我估计等您从欧洲回来，我们差不多就已经搞完了。"王总兴奋地说："那好，就看你的了。"张总回到公司后，立刻召集有关人员开会部署这件事："王总走之前交代了，我们公司将上 ERP，企业该进入信息时代了嘛……。"正当张总大谈信息化的重要性时，营销部经理小马问了一句："张总，这个 ERP 究竟是什么，它能干什么？"张总说："ERP 嘛，具体定义我也说不清，但这个东西对企业很有用，很多企业正在搞，而且王总走之前也交代了……。"讨论了两周，也查阅了一些资料，但大多数管理人员还是有些丈二和尚摸不着头脑。由于白花了很多时间，没有什么进展，小马等人难免有些牢骚。想着在机场向王总打的包票，张总也犯了愁。时间过得很快，转眼两个月过去了，ERP 没有任何进展。张总又到机场去接王总。两人见面寒暄后，王总便问起 ERP 的事情，张总说："别提了，我回去后马上布置这件事，可是很多人不支持，还说了很多怪话。看来，上 ERP 这件事是个'一把手工程'，还得您亲自抓才行啊。"张总列举了小马等人发牢骚的例子，王总听了很不高兴，就打电话给人力资源部说："关于小马晋升的事情我看先缓一缓，再考察考察。"随后，王总就对张总说，既然大家都不清楚 ERP，公司有必要先找一些专家论证后再考虑上不上的问题。"公司其他情况怎么样？"王总问张总，张总回答道："您放心吧，其他一切正常。"张总还列举了一些进展不错的项目中表现优秀的员工。当然，这些人均没有参加这次所谓的 ERP 项目。

案例资料来源：丁荣贵. 项目管理：项目思维与管理关键[M]. 北京：机械工业出版社，2005.

【案例点评】本案例在项目生命周期中非常常见：项目在狂热中启动，然后很快进入惶恐阶段，项目执行不下去以失败而告终，然后寻找替罪羊、惩罚无辜者，进而表扬没有参加的人。现实中很多项目的立项启动都没有经过科学正确的分析论证，而是由领导"拍"脑袋决定，然后，领导为了鼓舞士气就会"拍"下属员工的肩膀：好好干，我相信你们！受到领导激励的项目员工向领导"拍"胸脯保证完成：老板，放心，包在我身上。随后，项目进展障碍重重，问题多多，与领导的预期相去甚远，于是领导开始"拍"桌子：你们都在搞什么？这么长时间了，花了这么多钱，才刚刚进展到这里，还这么多问题，好好检讨检讨，不能按期完成项目，工资奖金都别想了！项目成员受到领导的严厉批评，不少人会"拍"屁股：一是有些人会不干了直接走人，二是有些人没有了工作热情，开始消极怠工，当初启动时很多事情就没搞清楚，现在项目进行不下去了怪我们！最后，项目结果可想而知，令所有人大失所望，从决策层到项目员工，大家都痛心不已"拍"大腿，早知如此，当初就应该……。项目是为了给利益相关者创造价值并使其满意，因此，在项目启动阶段要进一步明确需求，锁定项目利益相关者，经过论证分析可行的项目才是值得启动的，要做到无缺陷启动。

4.1 项目启动

在项目通过了可行性研究之后，客户的需求即由一个概念变成了一个具体的、可行的项目方案，此刻就可以正式启动项目了。项目启动是指开始一个项目或阶段，并且有意往下进行的过程。

项目启动意味着开始定义一个项目的所有参数，以及开始计划针对项目目标和最终成果的各种管理行为。项目启动还需要进一步识别那些将相互作用并影响项目总体结果的内外部利益相关者，让客户和其他利益相关者参与启动过程，这样能提高他们的主人翁意识，使他们更容易接受可交付成果，更容易对项目表示理解和满意。这个阶段的主要内容包括以下几点。

（1）确定项目的目标。

（2）项目的合理性说明，具体解释为什么开展本项目是解决问题或者满足某种需求的最佳方案。

（3）项目范围的初步说明。

（4）确定项目的可交付成果。

（5）预计项目的持续时间及所需要的资源。

（6）确定高层管理者在项目中的角色和义务。

项目启动最主要的目的是获得对项目的授权并以此来使用组织资源。通过启动过程,定义项目的初步范围和落实初步财务资源并确认项目经理。项目启动的信息主要反映在项目章程和利益相关者登记册中。

　　项目启动过程可以在组织、项目集或项目组合的层面上进行,因此,超出了项目控制的级别。例如,在项目开始之前,可以在更大的组织计划中记录项目的高层需求;可以通过评价备选方案,来确定新项目的可行性;可以提出明确的项目目标,并说明为什么该项目是满足相关需求的最佳选择。

4.1.1　项目启动的依据

1．项目目的

　　项目目的是指项目的客户期望项目结束时所能够实现的项目结果,明确项目目的是项目成功的重要保证。项目团队应该根据自身条件以及资源的获取能力,对能否实现项目目的、满足客户需求做出客观、合理的判断。

2．产品说明

　　产品说明是对项目工作完成后所生产出的产品或服务的特征和功能进行说明的文件。产品说明通常在项目工作的早期阐述得少,而在项目的后期阐述得多,因为产品的特征是逐步显现出来的。

　　产品说明应该包括已生产出的产品或服务同购买方的需要或别的影响因素间的关系,它会对项目产生积极的影响。尽管产品说明的形式和内容是多种多样的,但是,它应能对以后项目规划提供详细的、充分的资料。

　　许多项目都包括一个按购买方的合同进行工作的销售组织。在这种情况下,最初的产品说明通常是由购买方提供的。如果购买方的工作本身就是制定项目的产品说明,则购买方的产品说明就是对自己工作的一种陈述。

3．企业战略目标

　　所有项目都要服从企业的整体战略目标,项目选择要以公司的战略目标作为决策标准。项目从事的一切活动都要以实现其战略目标为中心。

4．项目选择的标准

　　组织的资源是有限的,而需要进行的项目是无限的。为了把有限的资源配置到最好的项目上,就需要从多个备选的项目中选择一个,这就需要建立一套评价体系作为选择方案的标准。项目选择的标准通常是根据项目最终成果的性质和客户的要求来决定,同时还要考虑经济效益、社会效益、市场份额和项目环境等。

5. 历史资料

历史资料包括以前项目选择决策的结果和以前项目执行的结果。在启动一个项目时，应该充分参考和借鉴历史资料，为现在的选择和决策服务。

4.1.2 项目启动的过程

一个项目的启动一般要经历以下过程。

1. 锁定利益相关者

项目是为了给其利益相关者创造价值并使其满意，因此项目启动的出发点应该从分析、识别和定义其利益相关者入手。识别利益相关者并让他们承担起对项目的责任并不是一件容易的事，但明确利益相关者将为下一步的项目发起准备条件。一般来说，在项目启动阶段，利益相关者对项目的影响力最大，而后随着项目的进展，其影响力逐渐降低。

2. 项目发起

项目发起就是让项目利益相关者充分认识到项目实施的必要性，并承担起自己相应的责任。项目选定之后，还要有一个发起过程，才能使项目正式启动起来。

一般来说，项目发起过程本身也需要投入人力、物力、财力等各种资源。充当这种角色的叫做项目发起者、项目发起人或项目发起单位。项目发起人应该具有一定的职权，能为项目获取资金并提供资源。项目发起人可以是投资者、项目产品或服务的用户或者提供者、项目客户、实施项目的组织。项目发起人可以来自政府或民间，例如，京九铁路的发起者是铁道部，长江三峡水利枢纽工程的发起者是国务院，而北京恒基中心这个房地产开发项目的发起者是香港恒基集团。在一般情况下，项目发起人通常不亲自实施项目，而是将项目委托给承约商，由他们组建项目团队来实施项目。这时项目发起人就是项目委托人。项目委托人可以来自项目组织内部，也可以来自项目组织外部。

在发起一个项目、寻求他人支持时，要有书面材料交给可能的支持者，使其明白项目的必要性和可能性。这种书面材料可以叫做项目发起文件，项目建议书就是一种项目发起文件。

3. 项目核准

项目核准是指由项目实施组织的最高决策者正式承认项目的必要性，把完成项目的全部权力授权给项目组织的过程。许多项目必须按照国家法规的规定，通过必要的程序，取得政府有关部门的核准。例如，一些大中型项目，特别是由政府投资的公益性和基础性项目，通常需要经过项目核准。而一些小型项目，特别是民间项目，只要合法，则不需经过核准就可以启动，即由选定项目的个人或组织自己实施，也不存在项目委托人。

4．启动项目

启动项目就是项目经理开始组建项目团队，并开始执行项目的具体工作。项目正式启动的标志包括：

（1）任命项目经理，开始组建项目团队。

（2）发布项目章程。项目章程正式授权一个项目的存在并向项目经理提供在项目活动中使用资源的权力，它通常是由项目组织以外的负责人或者高级管理层签发，如在承包的项目中，签署的合同就是提供给卖方的项目章程。因此，项目章程也可称为项目许可证书。

5．项目立项

当项目的实施关系到当地或整个国民经济和社会发展时，还需要上报到相应各级政府的发展和改革委员会审批，重大项目需要报国务院审批，通过后列入当地或国家的社会经济发展规划或基本建设规划中，这一过程称为项目立项。

4.1.3　项目启动的方法

项目启动的方法主要有以下两种。

1．项目方案选择的方法

项目方案选择的方法包括净现值法、内部收益率法、投资回收期法、要素加权分析法、效益分析法和层次分析法。在具有约束条件时，可采用线性规划、动态规划、整数规划以及多目标规划等。

2．专家判断法

专家判断法包括核心会议法、专家评分法和德尔菲法等，利用领域专家来提出或评价各个方案。任何具有专门技能和知识的个人均可视为领域专家。领域专家可以来自于：

（1）组织的其他部门。

（2）咨询顾问。

（3）职业或技术协会。

（4）行业协会。

4.1.4 项目启动的结果

项目启动过程的主要成果就是形成项目章程和任命项目经理。项目启动的结果包括项目说明书、项目章程、项目经理的任命、项目的限制条件和项目的假设条件等。

1. 项目说明书

项目可能因内部经营需要或外部影响而启动，因此通常需要编制项目说明书。项目说明书是说明项目总体情况的文件。它是经项目相关利益者认可正式确认的项目范围说明文件。这一文件主要包括项目的实施动机、项目目的、项目总体情况的相关描述、项目经理的责任和权利等。

2. 项目章程

项目章程就是正式承认项目存在的文件，它可以是一个专门的文件，也可以是企业需求说明书、成果说明书等替代文件。项目章程赋予了项目经理利用企业资源从事相关活动的权力。

3. 项目经理的任命

应该尽早选聘项目经理，并将其委派到项目上。一般的，需要在项目开始实施之前选派，最好是在项目计划开始前指派到位。优秀的项目经理是项目成功的关键因素，在选聘项目经理的同时，还要明确项目经理的责、权、利，并建立适当的激励和约束机制。如果项目经理和项目班子是接受他人的委托，对已经由委托人选定的项目进行管理，则项目经理在接受委托时，一定要同委托人明确四件事：资金、权限、要求和时间。如果是项目经理和项目班子自己选定和发起的项目，项目经理也应明确和落实资金、权限、要求和时间。

项目经理既可以来自于企业内部，也可以来自于职业项目经理人才市场，还可以由利益相关者推荐。无论项目经理从何而来，他都应该是一个目标导向型的管理者，都应该具备项目经理所需具备的各种基本素质和技能。在项目实施中，项目经理的责任是在项目预算范围内按时、优质地完成项目范围所包括的全部工作内容，为客户提交满意的最终项目产出物。

4. 项目限制条件

项目限制条件就是制约项目团队行动的因素，例如，项目的预算将会限制项目团队的人员配备和进度安排等。一般项目选择和定义中给出的项目限制条件主要有三个方面：一是项目的工期与日程（包括项目的起始与结束日期或项目主要阶段的起始与结束日期等）；二是项目的资源（最主要的是资金和项目的总预算等）；三是项目的范围（包括哪些项目工作自行完成，哪些项目工作承包给他人等）。

5. 项目的假设条件

项目启动时，一般会假设某些因素是真实和符合现实的，这些为启动项目而主观认定的项目前提条件，就是假设条件。例如，项目的关键设备何时到位并投入使用、露天施工时是否下雨等因素都是不确定的，但是要定义和计划一个项目就必须假定一个明确的设备到位时间，以及明确的施工期间不下雨的天数等前提条件。因此，假设条件通常包含着一定的风险。

4.2 项目目标

正式确立项目目标是项目启动最重要的目的之一。目标是目的或使命的具体化，是一个组织/团队奋力争取希望达到的未来状况。从管理学的角度看，组织/团队的目标具有独特的属性，因而在制定目标时，必须把握好目标的这些属性。

4.2.1 项目目标概述

1. 目标与目标管理

人类的自觉行为都是有着一定目标的。任何管理行为都是围绕着一定的目标开展。管理学中的目标是指在一定时期内组织活动的期望成果，是组织使命在一定时期内的具体化。目标管理是运用预先确定的目标把传统的管理理念和行为科学方法结合起来的一种管理方法。

美国著名管理学家彼得·德鲁克对目标管理理论的形成和发展做出了巨大的贡献。在其名著《管理的实践》和一系列的讲学活动中，彼得·德鲁克阐述了目标管理的管理理论和管理模式。继彼得·德鲁克之后，对目标管理理论和管理模式的发展做出重大贡献的是奥迪·奥恩。在其专著《目标管理》中，奥迪·奥恩认为目标管理是"一个流程，在组织中上下层管理者一起制定组织的共同目标，根据目标的预期效果来制定个人的主要职责范围，并用这些衡量尺度作为组织经营的指导方针和评定各人所做贡献的标准"。目标管理的内容主要体现在以下几方面。

（1）并不是有了工作才有目标，相反，有了目标才能确定每个人的工作。所以"企业的使命和任务，必须转化为目标"。如果一个领域没有目标，这个领域的工作必然被忽视。因此，管理者应该通过目标对下级进行管理，当组织高层管理者确定了组织目标后，必须对其进行有效分解，转变成各部门以及各人的分目标。用总目标指导分目标，用分目标保证总目标，形成一个"目标管理"链。管理者根据各项目标的完成情况对下级进行考核、评价和奖惩。

（2）在目标管理中强调"自我控制"。彼得·德鲁克认为，员工是愿意负责的，是愿意在工作中发挥自己的聪明才智和创造性的；如果组织控制的对象是一个社会组织中的"人"，则组织应当"控制"行为的动机，而不应当是行为本身，也就是说，必须通过对动机的控制达到对行为的控制。目标管理的主旨在于用"自我控制的管理"代替"压制性的管理"，它使管理人员能够控制他们自己的成绩。这种自我控制可以成为更强大的动力，以此推动他们尽最大的力量把工作做好，而不仅仅是"过得去"就行。

（3）通过实施目标管理促使组织中的权力下放。集权和分权的矛盾是组织的基本矛盾之一，唯恐失去控制是阻碍大胆授权的主要原因之一。推行目标管理有助于协调这一矛盾，促使权力下放；有助于在保持有效控制的前提下，鼓励员工主动承担责任和风险，充分发挥主观能动性。

（4）重视人的因素。目标管理是一种参与的、民主的、自我控制的管理制度，也是一种把个人需求与组织目标结合起来的管理制度。在这一制度下，上级与下级的关系是平等、尊重、依赖和相互支持的，下级在承诺目标和被授权之后是自觉、自主和自治的，所以在目标管理中要重视人的因素。

目标管理模式的优点非常显著：它使组织的运作有了明确的方向，使每个人都明确了努力的目标；它结合了人性管理的思想，促使权力下放，强调员工自我控制，可以充分激发员工的积极性；它为业绩的检查反馈和效果评价提供了更为客观的基础。正如目标管理的创始人彼得·德鲁克指出的：凡是工作状况及其成果直接、严重地影响着组织的生存和发展的部门，在其中实行目标管理是必须的。在项目的管理活动中，也可以借鉴目标管理的管理理论和管理模式。

2. 项目目标的概念

项目目标是项目目的或使命的具体化，具体地讲，项目目标是根据项目目的提出的项目在一定时期内要达到的预期成果。在项目管理的流程中，确定和管理项目目标是项目管理活动中最重要的管理活动之一。

在项目管理中，没有良好的目标定义和目标管理，项目就很难取得成功。项目实施的过程实际上就是一个追求项目目标实现的过程。项目目标反映的是组织优先考虑的事情，如果能够恰当地予以设定，将有助于实现跨部门之间的合作，从而产生一种协同效果。一个没有目标的项目就是一个没有具体方向的活动集合体，那么项目的结束将是无法预料的结果。

3. 项目目标的特征

随着目标管理在项目管理运用中的不断深化，项目目标还具有了一些新的特征，主要表现在以下几个方面。

（1）目标的层次性。从项目结构的角度来看，项目目标是分层次、分等级的。可以进一步将项目目标简化和概括为三个层次：项目的战略性目标、项目的策略性目标和项目的具体目标。随着项目目标系统自上而下地不断分解、细化、层层深入、层层落实，其逐渐形成一个完整的、明确的、具体的、可实施控制的目标体系。

1）项目的战略性目标是在组织的战略指导下对项目目标所定义的最高层次的含义，一般可以称之为项目的使命或项目目的。项目的战略性目标通常由组织的高层管理者来构思和制定，用来说明为什么要实施该项目，实施该项目的意义是什么。例如，"该项目的成立是为了使公司在亚洲地区的通信市场确立技术领导者的地位"。

2）项目的策略性目标是组织期望实现的业务收益，并且组织通过生产项目产品而实现这一业务收益。"业务收益"这一术语不限于严格的货币收益，还可以指组织中的其他收益。在对项目的实际管理过程中很容易把项目的策略性目标与项目的可交付成果混淆起来。例如，某一组织为了提高办公效率而安装一套办公管理信息系统。项目的策略性目标是提高办公效率，而项目的可交付成果是安装一套办公管理信息系统。

3）项目的具体目标则说明项目应该达到什么样的成果，也就是通常所说的项目的三大目标，即成本目标、进度目标和质量目标。对这三大目标的圆满完成是项目成功最重要的标志之一。例如，"本项目的进度目标定于×月×日开始，至×月×日结束，成本目标是 200 万元人民币，质量目标是按照国家相关规定拆除该建筑物，在项目的执行过程中没有人员伤亡，没有居民投诉"。

在确定项目目标时，还可以区分要求目标值（衡量项目是否成功所需实现的目标值）和愿望目标值（项目希望实现的目标值，即使其实现不了，项目仍然可以被视为成功的）。

（2）目标的多样性。一个项目的目标往往不是单一的系统，而是一个多目标的系统，而且不同目标之间彼此相互冲突。项目目标包括成果性目标和约束性目标。项目无论大小、无论类型，其约束性目标都可以表现为时间、成本和技术性能三个基本方面。而成果性目标为项目的可交付物，并与技术性能子目标紧密相关。

（3）目标的制约性。由于项目是一个多目标的管理系统，不同层次、不同性质的目标之间同时也是互相制约、互相影响的。实施项目的过程就是多目标体系制约与协调的过程。这种制约与协调往往包括三个方面：项目在同一层次的多个目标之间的制约协调；项目总体目标与其子项目目标之间的制约协调；项目目标与组织总体目标的制约协调。

4. 确定项目目标的重要性

按照目标本身的属性和原则确定项目目标是很重要的，有效项目目标的确定能够起到以下作用。

（1）确定项目目标这一过程能够提高项目成员对管理项目的参与度，既能够集中大家的智慧，调动积极性，又能够使项目成员对项目有深刻的认识和了解。

（2）确定项目目标也能为那些价值观和背景不相同的项目利益相关者间提供一个共同的决策基础和努力方向，能够在复杂的项目环境中突出一体化的整合思想。在项目多个目标同时优化的基础上，寻求项目目标之间的协调和平衡，从而最终实现项目管理活动的总体效率和效用的提高。

（3）由于项目目标是团队成员共同制定的，它不仅能够使团队成员更好地控制自己的成绩，而且这种自我控制可以成为更强烈的动力，推动他们尽自己最大的力量把工作做好。

（4）确定项目目标后，由于有了一套完善的目标考核体系，能够更好地按每个团队成员的实际贡献大小如实地对他们的工作绩效进行评价，从而提高项目的绩效管理水平。

（5）项目目标的确定有利于项目团队随时测量自己的进度与距离目标实现的差距，从而随时对项目做出适宜的调整。

4.2.2 项目目标之间的平衡关系

在实际的应用领域中，对于不同的项目而言，无论项目大小及类型如何，其基本目标通常表现为三个方面：时间、成本以及技术性能。三者之间的关系如图4-1所示。所以实施项目的目的就是要充分利用可获得的资源，使得项目在一定的时间内，在一定的预算基础上，获得所期望的技术结果。然而，这三个基本目标之间往往存在着一定的冲突。通常时间的缩短要以成本的提高为代价，而时间及成本投入的不足又会影响技术性能的提高，因此三者之间往往需要进行一定的平衡。

技术性能

期望达到的性能

预算

成本

时间期限

时间

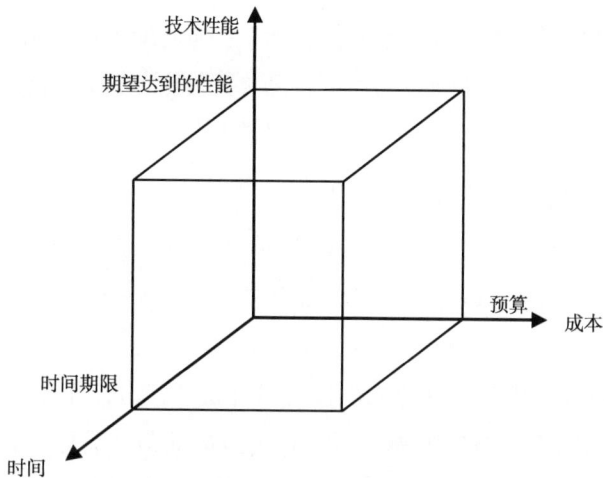

图 4-1　项目基本目标的平衡关系

项目范围管理就是要寻找可以产生最大效益的项目实施范围或规模，从而确定其相应的成本。当进度要求不高时，质量要求越高，则成本越高；当成本不变时，质量要求越高，则进度越慢；而当质量标准不变时，项目的进度过快或过慢都将导致成本的增加。所以管理的目的是谋求快、好、省的有机统一，如图 4-2 所示。

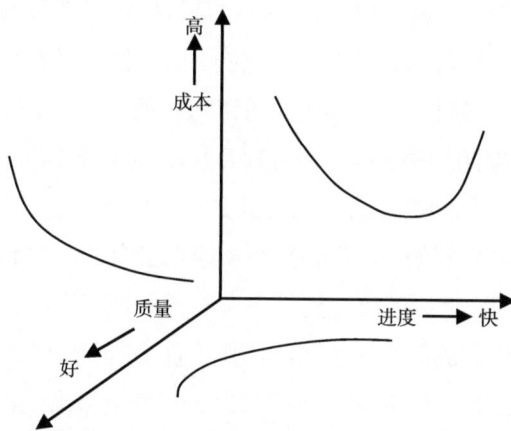

高

成本

质量

进度　快

好

图 4-2　成本、质量、进度三者之间的关系

4.2.3　项目目标的确定

如果要确保项目实现其潜在的价值，那么就要对它将要达到的结果有清晰的认识，确定可测量的指标和方法。项目目标要尽可能避免模糊、不可测量，通常用简练的语言概括项目的目标点，确保每个项目成员都完全清楚项目要达到的结果。项目经理要和关键成员、赞助人一起工作，共同描绘项目的愿景。正确的愿景描述中

必须能够回答这样的问题：我们想要提供什么，如何提供？和客户一起检查愿景的表述，他们会从对项目期望结果的角度帮助你锤炼愿景的表述形式。如果项目可以给客户带来某种价值，那就是最合适的描述指标。

1. 确定项目目标的 SMART 原则

为了有效地确定项目目标，应该遵循一系列原则，这些原则可以归纳总结为项目目标确定的 SMART 原则。SMART 是英文单词 Specific（具体的）、Measurable（可考核的）、Attainable（可达到的）、Relevant（相关的）和 Time-bound（有时限的）的首字母组合，代表了有效的项目目标应该具有的五种属性。

（1）项目目标应该是具体的。研究和实践都证明，具体的目标比那些泛泛的"尽最大能力"之类的目标要有效。例如，如果项目的策略性目标是在项目完成后生产线的生产能力得到提高，那么根据这一原则，该目标就应该描述为"项目完成后××生产线的生产能力得到 3%～5%的提高"，而"项目完成后××生产线的生产能力得到极大的提高"就是一个不具体的、不具有操作性的目标。

（2）项目目标应该是可以考核的。以上面的例子来解释，"项目完成后××生产线的生产能力得到极大的提高"就无法考核，而"项目完成后××生产线的生产能力得到 3%～5%的提高"就可以考核。按项目目标可以考核的性质将目标分为定量目标和定性目标。项目目标必须是可考核的，而使目标具有可考核性最方便的方法就是使之定量化。大多数定性目标也是可以考核的，考核定性目标不可能像定量目标那样得到那么准确的结果，但任何定性目标都能用详细说明规划、其他目标的特征或其他辅助方法（如问卷调查）来提高其可考核的程度。

（3）目标应该是可达到的。项目团队应该根据自身的能力和资源的可及情况来考虑实现目标的可能性。目标的可达到性一方面要保证确定的目标应该是能够实现的。例如，如果"项目完成后××生产线的生产能力得到 10%～20%的提高"这个目标是根本不可能实现的，那么这个目标的设定对于项目来说没有任何意义。另一方面，目标的设定也应该具有一定的挑战性，组织中设定项目目标的管理层或项目经理可以根据实际情况设定具有一定挑战性的目标，这样可以充分发挥目标的激励作用。

（4）目标的设定要紧紧围绕项目希望达成的结果并且是与项目相关的，以避免出现项目目标实现了但是"项目效果不好"的情况。项目的产生是为了交付某种可交付成果，以满足客户和相关项目利益相关者的需要，所以对项目工作的布置实际上应该是紧紧围绕项目希望实现的最终结果来开展的。管理层或项目经理只有通过设立"关注结果"的项目目标，才能保证项目的所有工作都是围绕项目所希望的最终结果来开展。还以上面的例子来解释，如果项目目标定为"项目完成后××生产线的生产能力得到 3%～5%的提高，并且该生产线的产品能够满足广大客户的需求"，在这个项目目标中，"该生产线的产品能够满足广大客户的需求"就不符合目标设定的关注结果、相关性原则。该产品能否满足广大客户的需求可能是另一个项目的目标。在本项目中，项目团队只需要关注该生产线生产能力的提高，要尽量避免把项目的资源用到与本项目不相关的工作中去。值得注意的是，在使用目标"关注结果、相关性原则"来判断项目目标合理性的时候，要注意其与项目多目标性的区别。

（5）项目目标的设定应该具有时限性。目标设定应该有一个明确的实现时间，这样才能促使项目团队的成员将更多精力投入到实现目标的项目工作中去。

2. 确定项目目标的过程

项目目标的确定有一个由一般到具体的逐渐细化过程。项目的目标确定可以按系统工作方法有步骤地进行，它通常包括情况分析、问题定义、提出目标因素、目标系统的建立、研究目标系统各因素之间的关系等工作。

（1）情况分析。目标设计是以环境和系统上层状况为依据的。情况分析是在项目构思的基础上对环境和上层系统状况进行调查、分析、评价，以作为目标设计的基础和前导工作。经验证明，正确的项目目标设计和决策需要良好的计划条件、良好的环境和大量的信息。

情况分析首先要作大量的环境调查，掌握大量的资料，包括以下几方面。

1）拟建工程所提供的服务或产品的市场现状和趋向的分析。

2）上层系统的组织形式、企业的发展战略、状况及能力，上层系统运行存在的问题。

3）企业所有者或业主的状况。

4）能够为项目提供合作的各个方面，如合资者、合作者、供应商、承包商的状况，高层系统中的其他子系统及其他项目的情况。

5）自然环境及其制约因素。

6）社会的经济、技术、文化环境分析，特别是市场问题的分析。

7）政治环境和法律环境，特别是与投资及项目相关的法律和法规。

情况分析可以采用调查表、专家咨询法、ABC 分类法、决策表、价值分析法、敏感性分析法、企业比较法、趋向分析法、回归分析法、产品份额分析法和对过去同类项目的分析方法等。

（2）问题定义。经过情况分析可以从中认识和引导出上层系统的问题，并对问题进行界定和说明（定义）。项目构思所提出的主要问题和需求表现为上层系统的症状，而问题定义是目标设计的诊断阶段，从中研究并得到问题的原因、背景和界限。

问题定义的基本步骤如下。

1）对上层系统问题进行罗列、结构化，即上层系统有几个大问题，一个大问题又可能由几个小问题构成。

2）对原因进行分析，将症状与背景、起因联系在一起，这可用因果关系分析法。

3）分析问题将来发展的可能性和对完成目标的影响。有些问题会随着时间的推移逐渐减轻或消除，而有的却会逐渐严重。例如，产品处于发展期则销路会越来越好，而如果处于衰退期销路会越来越坏。由于工程在建成后才有效用，因此必须分析和预测工程运行时的状况，即当时的问题。

（3）提出目标因素。

1）目标因素。目标因素通常由两个方面决定：一是问题的定义，即按问题的结构，解决其中各个问题的程度，即目标因素；二是有些边界限制也形成项目的目标因素，由于边界条件的多方面约束，造成了目标因素的多样性和复杂性。一个工程项目的目标因素可能有如下几类：问题解决的程度、项目自身的（与建设相关）目标、其他目标因素。

2）目标因素的确定。提出的目标因素应尽可能明确、具体，并尽量可能定量化，可以进行分析、对比。它的基本要求如下。

- 真实反映上层系统的要求，情况分析透彻，问题定义贴切。

- 反映客观，实事求是，切合实际，既不好大喜功，又不保守，一般经过努力能实现。

- 目标因素的提出、评价和结构化并不是在项目初期就可以办到的，按正常的思维过程，各种选择被分析、讨论、对比，并逐渐进行修改、联系、变异、优化。整个过程中一直与情况分析相联系。

- 目标因素要有一定的可变性和弹性。既考虑在进一步的研究论证（如可行性研究、设计）中可以按具体情况进行调整——特别在项目过程中边界条件的变化，同时又考虑一定的变动范围，如最高值、最低值区域的划定。

- 项目的目标设计必须重视时间因素以及它的影响。
- 目标因素可以采用相似情况（项目）比较法、指标（参数）计算法、费用/效用分析、头脑风暴法和价值工程等方法确定。

（4）目标系统的建立。在目标因素的基础上进行集合、排序、选择、分解和结构化，形成目标系统，并对目标因素进行定量描述。

（5）研究目标系统各因素之间的关系。目标因素按性质可以分为：一是强制性目标，即必须满足的，通常包括法律的限制、官方的规定、技术规范的要求等；二是期望的目标，即尽可能满足的，可以作优化的目标因素。目标因素之间经常有矛盾，例如环保要求和经济效益，自动化水平和就业人数等。通常在确定目标因素时尚不能排除目标之间的争执，但在目标系统设计时，则必须解决这个问题。在这个过程中，各目标因素被分析、对比、逐步修改、联系、变异、增删、优化，并与情况分析联系在一起，形成一个反复的过程。

3. 项目目标确定的结果

项目目标确定的结果形成项目目标文件，其内容包括：项目说明书、项目的各种限制条件和项目的假设前提条件。项目目标文件通过对项目的详细描述，设定了项目成功的标准。项目目标文件还可以作为项目结束后验收的依据。

4. 项目总目标的描述

在项目实施的开始，项目经理最主要的任务是准确地界定项目的总目标，通过对总目标的分解便可得到项目实现的目标体系。也就是说，项目目标确定的结果应该是一个目标体系，它们分别涉及了项目的时间、费用、技术与产品四个方面，每个方面都可能有一些具体的要求及相对应的目标体系，这也体现了目标的层次性。

为此，在对项目目标描述的时候就应该确定项目的总目标，而总目标的描述应该具体、明确，并尽可能定量化。项目总目标的确定，通常包括以下几方面。

（1）工作范围。即可交付成果，交付物的描述主要是针对项目实施的结果——产品。

（2）进度计划。说明实施项目的周期、开始及完成时间。

（3）成本。说明完成项目的总成本。

下面是一个项目总目标描述的例子：在 10 个月内，在 200 万美元的预算内，把一种新型电子家用烹调产品打入市场，并达到预先规定的性能指标。

当然，有时我们对目标的描述可能是"建成一所房屋"，这一总目标的描述是否合理？显然"一所房屋"的界定范围非常广阔，可能是几间平房，也可能是一栋豪华别墅。"建成一所房屋"的较好的描述应该类似于：在 15 万美元的预算内，根据 5 月 15 日的楼面布置图纸和说明书，在 10 月 31 日前建成这所房子。成本、范围及工期都给予了准确的界定。

下面是一个"某无人驾驶的小型气象探测飞机研制"的项目。某飞机制造公司承担无人驾驶的小型气象探测飞机研制生产项目。项目拟于 2011 年 7 月开始实施，市场需求为 50～100 架，首架交付日期为 2014 年 12 月。项目目标包括飞机研制和为保证飞机性能的特种设备/设施采购，为保障小型气象探测飞机研制与试飞任务的顺利进行，项目总投资为 1.2 亿元人民币。

问题是，对该项目的总体目标应该如何进行描述呢？

按照目标描述的思路可以从以下三方面进行描述。

（1）可交付成果。无人驾驶的小型气象探测飞机样品。

（2）工期。首架交付日期 2014 年 12 月，研制时间从 2011 年 7 月到 2014 年月 12 月，总工期为 3.5 年。

（3）费用。研制总经费为 1.2 亿元人民币。

4.2.4　里程碑计划及其制订

项目的里程碑是项目实施过程中，对项目实施进度有重要影响的标志性事件。制作项目里程碑计划有利于对项目的跟踪、管理。项目里程碑计划技术是在项目实施过程中进行项目计划的重要技术，里程碑计划也称为项目总控计划，是一个战略计划或项目的框架，以可交付成果清单为依据，显示了项目为达到最终目标而必须经过的条件或状态序列，描述了在每一阶段要达到的状态（见图 4-3）。

里程碑是项目中一部分工作包集合的输出结果（或工作成果）。它包括工作包的功能、时间进度、费用、资源估算以及工作包所在组织单元的职责。在这一管理层面，需要有一个稳定的、平衡的计划贯穿于整个项目过程。这一层提供了实现项目总体目标的战略构架，并允许各个下层组织中包含一定的变化。项目的里程碑计划和责任图体现这一层次的工作结果。

对于大多数项目而言，一旦确定了项目的范围，需要做的第一件事情就是确定项目实施的里程碑。根据确定的项目的阶段划分，在里程碑中应清楚地定义每一个阶段的开始时间、结束时间与负责人，各阶段的可交付成果由各阶段的实施规范确定。里程碑是项目管理小组对项目进行控制的主要依据。里程碑一旦确定，各相应负责人就应确保按时交付任务，不管采取什么措施都必须在里程碑所注明的时间内完成各项预定任务，不能有任何工作环节的延迟，从而保证整个项目的进度。

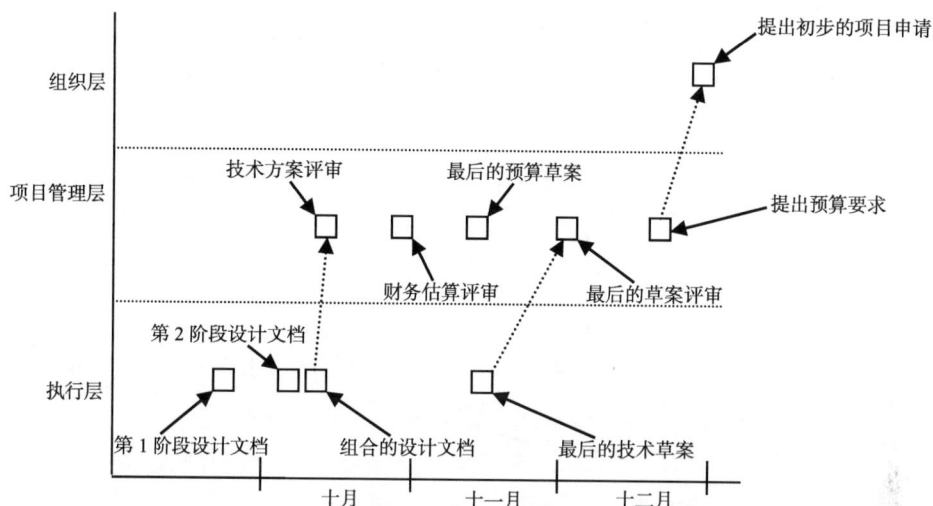

注：每个方块"□"代表一个重要的里程碑，也就是说，表示一项或多项任务（在此未画出）被安排在此完成的一个特殊的时间点。实线表示里程碑名称和图示，虚线表示两层级里程碑间的关联性。

图 4-3　项目里程碑计划

对于不同的里程碑阶段可以根据不同的需要制定阶段里程碑，阶段里程碑一般由实施组织内部确定，以便更好地控制和管理项目的进程。

以某学院改建机房项目为例，来看一下里程碑计划是如何制订的。里程碑计划的编制可以从达成最后一个里程碑即项目的终结点开始，反向进行。对于学院改建机房项目来说就是项目结束、软件调试结束、硬件安装完毕、室内装修完成、整修开始。在对里程碑概念的确定上，可以用"头脑风暴法"来画出草图。里程碑图的形式与甘特图类似，但里程碑图仅仅表示主要可交付成果的计划开始和完成时间以及关键的外部界面。里程碑计划的编制过程如图 4-4 所示。

首先，从项目的终点开始，反向依次界定每一个里程碑。每界定一个里程碑，需要检查其是否符合以下条件。

（1）界定是否明确。如果是，则继续下一步的操作；否则，检查因果路径的定义，进行必要的修改。

（2）是否与前面的里程碑重叠。如果不重叠，则进行下一步的操作；否则，检查因果路径的定义，进行必要的增加、删减或修改。

（3）是否符合因果路径。如果是，则进行下一步的操作；否则，检查因果路径的定义，进行必要的修改。

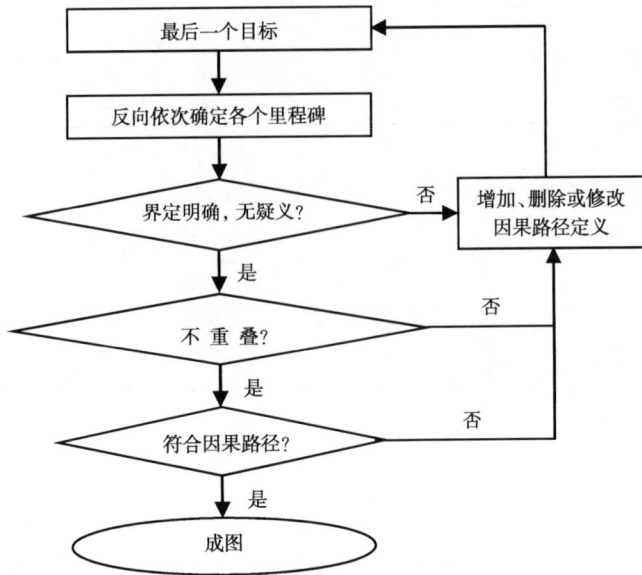

图 4-4　里程碑计划编制流程图

重复上面的步骤，最终完成的某学院改建机房项目里程碑图如表 4-1 所示。

表 4-1　某学院改建机房项目里程碑计划

序号	里程碑事件	网络图中编号	一月	二月	三月 …6…	四月 …10…	五月 …29…	六月 …19…	七月 …24…
A	整修开始	1			△3.6				
B	室内装修完成	2				△4.10			
C	硬件安装完毕	5					△5.29		
D	软件调试结束	7						△6.19	
E	项目结束	8							△7.24

在整个项目实施期间，项目管理工作应根据定期报告所表明的里程碑事件，进行里程碑的追踪，并根据现有情况对未到达的里程碑进行再次预测。

4.3　制定项目章程

4.3.1　项目章程

成功的项目一开始就要有一个能被各方利益相关者理解和接受的详细的项目

定义。项目定义就是把项目要开展的主要工作元素都以书面的形式写下来，以确保得到团队成员对项目各项活动的承诺，以及项目团队和项目利益相关者对工作范围和资源配置的承诺。作为项目启动的基础，一份获得以上承诺来执行项目的授权文件是必不可少的，这份文件就是项目章程。值得注意的是，在不同的组织，启动文件不一定命名为项目章程。例如，在建筑施工领域，这份文件可能叫做项目方案；在地产开发公司，项目章程可能就是提交董事会批准的项目建议书。

项目章程是一份由项目团队以外的、对组织资源有控制权的直接管理者和支持项目的管理者所签发的书面文件。它通常包括项目概况、目标、可交付成果、需求、资源、成本估算和可行性研究等方面的内容，并应该指定项目经理、项目团队成员等的主要职责。其目的是正式批准项目，授权项目经理能够在项目内部调配组织资源用来开展项目活动。完备的项目章程可以使项目利益相关者避免许多在项目初期遇到的及随后可能出现的问题。

项目章程的签发对于项目来说是一个关键的起点，这一过程的完成以项目启动会议的召开为标志。在项目启动会议上项目经理将向项目团队和参加项目启动会议的其他人员出示并讲解项目章程。在一般情况下，项目章程是由项目经理来编写的，但必须是项目经理以外的高层管理人员来公布的，并且应该分发给相关的项目利益相关者。

项目章程一旦被认可就能保证项目的各方利益相关者对项目的共同理解，帮助项目团队成员和项目利益相关者就实现的项目目标和项目的可交付成果达成一致，这样就能在项目未来的进展中继续得到他们的参与和支持。使用在项目章程中所获取的信息明确开展项目所必需的资源，为项目进入到详细的计划阶段做准备。通过编制项目章程，可以把项目与组织的战略及日常运营工作联系起来，但不要把项目章程看做合同，因为其中未承诺金钱报酬以及用于交换的代价。

4.3.2　项目章程的编写过程

编写项目章程的一般步骤如下。

（1）收集基本信息。项目章程是整个项目管理过程中最重要的项目文件，因为组织需要制定项目章程来授权项目团队调拨组织内的资源来运行项目，所以编写项目章程之前，项目团队必须收集与项目有关的重要信息。这些信息包括以下几方面。

1）组织的战略规划。组织的战略规划概述了组织在最近几年内的经营目的和经营方向。

2）客户需求或者客户合同。

3）项目利益相关者的分析情况。

4）项目选择和成功标准。该部分定义了项目被选择的参数，并解释了开展项目的理由，定义了衡量项目是否成功的标准。

5）项目建议书。该部分描述了项目需求、项目目标、开展项目的解决方案以及商业论证。

6）组织的环境因素。该部分包括组织文化和管理结构、政府或者行业标准、基础设施、现有的人力资源储备、人事管理、组织工作的授权体系、市场状况、商业数据库、项目管理信息系统等。

7）组织内部的审批程序和过程。该部分包括组织的工作程序和过程、规范化的纲领、工作说明、项目评估标准和绩效测量标准、组织汇报要求、风险控制程序等。

8）来自以前类似项目的信息。

9）项目团队成员的项目知识和经验。

（2）编写项目章程的主要内容。在编写项目章程的时候，一般要按照以下顺序进行。

1）项目需求。在该部分阐述项目的商业目的，即说明项目存在的原因以及项目的驱动力，主要包括客户的需求、项目发起人的需求、组织的战略需求等。

2）项目的成功标准和项目目的。在该部分应该列出经利益相关方一致认同的成功标准和项目目的（与项目逻辑框架一致）。

3）项目产品。在该部分具体地描述项目产品的性质和特征，定义项目的可交付成果。

4）项目的具体目标。在该部分列出项目具体的进度、成本和质量指标等。

5）指定项目经理。正式委任项目经理是项目章程的目的之一。在该部分应该阐述项目经理获得的授权范围和程度，确保项目经理能够获得足够的权力以调拨资源对项目进行管理。

6）明确项目里程碑。在该部分只需要列出项目中关键的几个里程碑事件。在项目章程中确定里程碑事件最大的好处就是获得各项目利益相关者对里程碑定义和实现时间的一致认同。

7）主要项目利益相关者的识别。在该部分主要描述对项目利益相关者分析的结果和结论，本项目的主要利益相关者和次要利益相关者是谁，他们在本项目中的立场是什么。

8）项目的组织权力结构。项目章程最显著但又最容易被忽视的一个作用就是定义和构架项目的组织结构。项目团队应该在这个部分把项目的组织权力结构明确地表示出来，以获得各个方面的支持和认可，为项目的计划和执行奠定一个坚实的组织基础。在描述组织权力结构的时候，一个比较好的做法就是把参与项目各职能部门的地位、作用和权力关系通过图表的形式表现出来。

9）项目的外部环境描述。该部分主要描述项目所在外部环境的客观现实条件，包括外部环境的假设条件和制约条件等。

10）项目的主要风险。该部分主要列出在项目设计阶段进行风险识别和评估后的结果。

11）项目的预算和预期的投资回报。

以上内容是一个完整的项目章程应该包括的 11 个要素。实践证明，在项目章程中如果缺乏对其中任何一项的定义和描述，也就是说项目的相关各方没有对该要素取得一致认同，都会严重阻碍今后在项目计划和执行过程中的管理。项目团队应该对项目章程的制定工作引起足够的重视，按照标准来制定和核对项目章程是否完整，确保项目章程的内容与基本信息文件的内容一致，以及获得项目客户、项目发起人和关键的项目利益相关者对项目章程的认同和支持。

（3）在项目章程的末尾还应该列出以下内容。

1）授权批准项目章程的直接管理者、项目发起人、项目客户的签名或所在部门的印章。签名或所在部门的印章意味着组织和客户对项目的官方认可。

2）项目章程所抄送的部门清单。一方面，收到项目章程是项目启动的标志和信号；另一方面，收到项目章程意味着项目已经存在了，而且项目需要这些部门的支持。

4.3.3　编写项目章程的意义

项目章程作为正式的项目授权文件，不仅给项目树立了合法地位，提高了项目在组织内部的显著性，而且能起到调配资源、知会项目进度的作用，让项目经理能够有权在项目内部调配资源，以达到项目的预期目的。项目章程能够清晰地描述项目所需要的资源和时间投入，需要哪些部门的协助，项目的进度，以及谁负责项目的哪个方面。项目章程的主要优点体现在它简洁明了，用简练的语言描述了项目的宗旨和目的，既交代了主要内容，又省略了细节，避免让细节来混淆信息。在实践中，在项目的启动阶段仓促立项往往导致项目的失败。从项目管理的角度分析，其本质原因就是在启动阶段没有对项目章程中的管理要素予以详细分析。

复习思考题

一、判断题

1. 项目的发起人就是投资者。 （　　）
2. 项目许可证的发放可以认为项目正式启动了。 （　　）
3. 项目章程通常是由项目组织以外的负责人或者高级管理层颁发。 （　　）

二、单选题

1. 项目总目标的描述通常不包括（　　）。
   - A. 团队组织
   - B. 工作范围
   - C. 工期
   - D. 成本

2. 在项目生命周期的（　　）阶段颁发项目章程。
   - A. 启动
   - B. 计划
   - C. 执行
   - D. 控制

3. 不属于项目启动阶段输入的是（　　）。
   - A. 项目目的
   - B. 企业战略目标
   - C. 项目选择标准
   - D. 工作分解结构

4. 下列说法正确的是（　　）。
   - A. 民间项目、由政府投资的公益性和基础性项目都需经过核准才可以启动
   - B. 项目目标一旦确定，就不可以更改
   - C. 项目章程一般是由项目经理以外的高层管理人员来编写并公布的
   - D. 通过编制项目章程，可以把项目与组织的战略及日常运营工作联系起来，但不要把项目章程看做合同

三、多选题

1. 项目的目标具有（　　）特性。
   - A. 层次性
   - B. 多样性
   - C. 不可变性
   - D. 制约性

2. 下列关于里程碑的描述正确的有（　　）。

A. 它表示工作任务必须及时开始的时间点

B. 它表示一个显著的事件

C. 它不一定是关键路线上的工作

D. 它可以是交付物

四、思考题

1. 说明项目目标的确定过程和如何描述项目总目标。

2. 为什么要编制项目章程？项目章程的主要内容有哪些？

3. 试分析项目目标之间的平衡关系。

4. 项目目标确定的原则是什么？

五、案例分析

案例一

某房地产建设项目，合同总额 2 亿元，2012 年 6 月签订合同，计划竣工日期为 2013 年 6 月。施工项目经理知道这是不可能完成的。到 2013 年 3 月，施工进度刚完成主体及二次结构，建设单位估计施工单位不能按时完工，便开始不断催促加紧施工。实际上该项目装修部分的主材还有相当一部分没有确定货源，且此时建设单位要求赶工，施工单位要求增加赶工费用，或者将工期延迟，但建设单位认为在此期间并没有发生不可抗力或者其他可以延期的事项，所以不予延期，并坚持要求施工单位按合同规定执行。

问题：在此案例中施工单位从一开始应该进行哪些措施来规避这种情形？

案例二

东方建筑设计院一直采用人工进行档案管理工作，档案管理人员经常报怨劳动强度大，效率低下，多次向院长递交建议书，反映国内外大中型企业的档案管理工作正朝着计算机管理的方向发展，这样可以节省人力和财力，节省借阅人员的等待时间，建议设计院拿出专项经费，委托软件开发公司开发一套功能齐全的档案管理软件，可是由于院长观念陈旧，一直没有采纳这个建议。

2014 年 3 月，同济大学的一位博士后被聘为该设计院的院长，他在翻阅原来的文件资料时，发现了半年前由档案室工作人员递交的建议书，立即召集档案管理人员和项目管理专家，希望他们尽快起草一份《东方建筑设计院档案管理软件开发项目需求建议书》。

这样由档案室牵头，由项目管理专家参与，在短短的 7 天时间内，《东方建筑设计院档案管理软件开发项目需求建议书》在报纸上公布。

在需求建议书中，给出了以下主要信息：东方建筑设计院向软件开发承约商征求档案管理软件开发；承约商必须最迟在 2014 年 4 月 25 日前向东方建筑设计院提交 5 份建议书备份；东方建筑设计院希望在 5 月 30 日前选中一家承约商，这个项目完成的时限是 6 个月，即从 7 月 1 日到 12 月 31 日，所有的交付物必须不迟于 12 月 31 日提供给东方建筑设计院；合同必须以一个商定的价格，给提供满足建议书要求工作的承约商付款。

多家软件开发公司在报纸上看到项目需求建议书后，纷纷制作《东方建筑设计院档案管理软件开发项目申请书》，并寄发给东方建筑设计院。最后，亚华软件开发公司以 35 万元的价格承接了此项目。

问题：亚华软件开发公司经过研究，决定由田政出任此项目的经理。如果你是田经理，你会怎么确定项目的目标描述？

第 5 章

| 项目范围定义与分解

本章学习目标

　　本章主要阐述了项目范围管理规划，项目范围定义，范围分解的依据、方法与工具以及结果；工作分解结构（WBS）的制定步骤与方法；工作责任分配矩阵的建立。

　　重点掌握：WBS 的制定，工作责任分配矩阵的制定。

　　一般掌握：项目范围管理规划、项目范围定义、项目范围分解的工具与技术。

　　了解：项目范围管理规划、项目范围定义、项目范围分解的定义，项目范围管理规划、项目范围定义、项目分解的依据和结果。

引导案例

失控的范围：布雷德利战车项目

布雷德利（Bradley）战车是美国陆军武器装备中的一种战车。它从1981年开始服役，近年来被多次使用，比如1991年用在海湾战争，1998年用在索马里，1999年用在波斯尼亚，2001年用在阿富汗，但实际上布雷德利战车项目是典型范围失控的例子，在项目结束时，其项目范围与最初计划的项目范围相去甚远。

装甲人员输送车（Armored Personnel Carrier，APC）是有着最小战斗火力的大型履带式战车，它的用途是以最快的速度向战场输送士兵。在战斗中，APC 同其他的装甲车一起在战场上进行突围。

布雷德利战车最早是由 FMC 公司在 20 世纪 60 年代设计和制造，用来代替老式的 M-131 型装甲人员输送车。布雷德利战车最初的设计规格包括：

（1）输送一个班步兵（12人）的能力。

（2）最快的速度，能保证与其他装甲车并驾齐驱。

（3）坚固的外侧装甲，能保证战车内人员和士兵的安全。

（4）越水能力（水陆并用）。

（5）最小的火力（以保证轻便行驶）。

尽管最初的计划对项目来说有很大的回旋余地，但是在近 20 年之后，交付给陆军的战车规格却与先前大相径庭。

（1）只能承载6人。

（2）外侧装甲非常脆弱，敌人的武器能够轻易穿透。

（3）在跨越河流时会下沉。

（4）装载有沉重的整套机枪设备、直径 25mm 的大炮以及反坦克导弹。

可以看出，它最后的功能已经远远偏离了当初的设计，那么究竟哪里出错了呢？

案例资料来源：（美）杰弗里·宾图. 项目管理[M]. 鲁耀斌，等译. 北京：机械工业出版社，2007.

【案例点评】造成这一结果最可能的原因是：陆军内部在最开始就没有对布雷德利战车在现代战场上的作用达成明确的共识。如前所述，陆军开始的要求只是更换其老式的装甲人员输送车，陆军高层最初的想法是用布雷德利战车来对付欧洲的华约武装。但是，他们很快又增加了新的要求，就是布雷德利战车还必须能够承担侦察任务。这两个任务是完全不兼容的，装甲人员输送车要求重型装甲、大体积以及防御武器等特性，而装甲侦察车由于速度原因，并不适合重型装甲。此外，侦察车更具有攻击性，因此就需要配备更全的武器，包括回转大炮、机枪以及对抗战车用的导弹。陆军对布雷德利战车基本任务的认识不清导致了它两方面都不合格，同时也延长了开发周期。反复修改和重新设计使得预算大大超支，同时开发期大幅延长，在此期间美国已更换了 5 届总统。

即使是在 FMC 公司投入生产后，布雷德利战车的质量控制同样存在问题。亨利·波伊斯维特（Henry Boievert）等职员揭露说，虚假的测试、伪造的文档以及各种生产线上不合格的质量控制是常有的事。布尔顿陆军上校（Colonel Burton）发现，在由美国空军军官负责操作测试和评估期间，陆军的测试并没有很好地进行。五个火力测试中存在作弊行为，一些测试结果是伪造的。为了保证一个可接受的最大速度，布雷德利战车舍弃了标准外侧装甲，而是采用了一种容易燃烧的铝材，这种材料在燃烧时还会释放致命气体。此外，为了保证该战车作为侦察车而必须配备的武器装备，也导致了车的内部空间变得非常小。

自 1981 年首批布雷德利战车生产下线以来，陆续有 6 700 辆布雷德利战车被美国陆军投入使用。一开始，对该战车就有不同的观点。支持者认为它对目前经常移动的部队起到了很好的保护作用，而反对者则指出它最初的范围没有被很好地定义，以及在整个开发过程中陆军随意对其进行大量改动，其结果就是产生了一个充满危险的次品，陆军花在这上面的总成本超过 1 400 万美元。布雷德利战车遇到了范围蔓延——也就是对项目最初规格持续不断变更的问题。

5.1 项目范围管理规划

项目范围管理规划就是确定项目范围并编写项目说明书的过程。项目范围说明书说明了为什么要进行这个项目，形成项目的基本框架，使项目所有者或项目管理者能够系统、逻辑地分析项目关键问题及项目形成中的相互作用要素，使得项目的利益相关者在项目实施前或项目有关文件书写以前，能就项目的基本内容和结构达成一致；产生项目有关文件格式的注释，用来指导项目有关文件的产生；形成项目结果核对清单，作为项目评估的一个工具，在项目终止以后或项目最终报告完成以前使用，以此作为评价项目成败的判据；可以作为项目整个生命周期中监督和评价项目实施情况的背景文件，作为有关项目计划的基础。

项目和子项目都要编写范围说明书。一般来说，项目范围说明书要由项目班子来写。项目范围说明书是项目班子和任务委托者之间签订协议的基础。

项目范围管理规划的主要工作如表 5-1 所示。

表 5-1　项目范围管理规划的主要工作

依　据	工具与技术	结　果
项目管理计划	专家判断	项目范围说明书（初步）
项目章程	成果分析	辅助性细节
项目许可证	成本效益分析	项目范围管理规划
成果说明书	项目方案识别技术	
环境因素	样板、表格、标准	
组织过程资产		

5.1.1　项目范围管理规划的依据

1．项目管理计划

项目管理计划是说明项目将如何执行、监督和控制的一份文件。它合并与整合了其他各规划过程所输出的所有子管理计划和基准。依据项目管理计划中已批准的子计划来创建项目范围管理规划，它们会对用于规划和管理项目范围的方法产生影响。

2．项目章程

项目章程是由项目启动者或发起人发布的，正式批准项目成立，并授权项目经理动用组织资源开展项目活动的文件。在项目章程中记录业务需要、假设条件、制约因素、对客户需要和高层级需求的理解，以及需要交付的新产品、服务或成果。项目经理把项目章程作为初始规划的起始点，依据项目章程中的项目背景信息来规划各个范围管理过程。项目章程提供了高层级的项目描述和产品特征。

3．项目许可证

项目许可证是正式承认某项目存在的一种文件，它可以是一个特别的文件形式，也可以用其他文件替代，如企业要求说明书、产品说明书。项目许可证应该由项目外部的企业高层领导发出，它赋予项目经理利用企业资源、从事项目的有关活动的权力。对于一个合同项目来说，签署的合同可以作为卖方的项目许可证。

4．成果说明书

所谓成果，就是任务委托者在项目结束时要求班子交出的成果。在成果说明书中，对要求交付的成果必须有明确的要求和说明。

5．环境因素

能够影响规划范围管理过程的环境因素包括组织文化、基础设施、工具、人事管理制度以及市场条件等，所有这些都会影响项目范围的管理方式。

6．组织过程资产

组织过程资产是能够影响项目范围管理方式的正式和非正式的方针、程序和指导原则。对项目范围规划有具体关系的过程资产包括：与项目范围规划与管理有关的组织方针、组织程序及历史信息。

5.1.2　项目范围管理规划的工具与技术

1．专家判断

可以利用各领域专家来提出或评价各种方案。任何经过专门训练或具有专门知识的集体或个人均可视为领域专家。领域专家可以来自于组织的其他部门，咨询顾问，职业或技术协会，行业协会等。

2．成果分析

通过成果分析以加深对项目成果的理解。它主要运用系统工程、价值分析、功能分析等技术确定其是否必要，是否有价值。

3．成本效益分析

成本效益分析就是估算不同项目方案的有形和无形的费用和效益，并利用诸如投资收益率、投资回收期等财务计量手段估计各项目方案的相对优越性。

4．项目方案识别技术

这里的项目方案是指实现项目目标的方案，项目方案识别技术泛指提出实现项目目标方案的所有技术。管理学中提出的许多现存的技术，如头脑风暴法和侧面思考法可用于识别项目方案。

5．样板、表格、标准

样板、表格、标准包括工作分解结构样板、范围管理计划样板、项目范围变更控制表格以及一些应用领域的相关标准。工作分解结构是一种由项目各部分构成的面向成果的树型结构，该结构定义了项目的全部范围。一个组织过去所实施的项目工作分解结构常常可以作为新项目的工作分解结构的样板。虽然每个项目都有其独特性，但项目之间仍存在着某种程度的相似之处，因而许多应用领域都制定了项目工作分解结构的标准。

5.1.3　项目范围管理规划的结果

项目范围规划结束时应当有下列结果。

1. 项目范围说明书（初步）

项目范围说明书是一份保证项目所有的利益相关者关于项目范围达成共识的说明性文件，是未来项目决策的主要依据之一，是未来开展项目工期、项目成本和项目资源等方面管理的基础文件之一。同时，随着项目的开展，项目范围说明书也需要做一些修改或更新，以便能够及时地反映项目范围的变更情况。其内容包括以下几点。

（1）项目的合理性说明（设计说明书）。它解释为什么要进行这一项目。项目的合理性说明为以后权衡各种利弊关系提供依据。

（2）项目可交付成果（执行说明书）。它是一份主要的、具有归纳性层次的产品清单。产品完全的、满意的交付标志着项目的完成。例如，某一软件开发项目的主要可交付成果可能包括可运行的电脑程序、用户手册等。

（3）项目目标（功能说明书）。项目目标是指完成项目所必须达到的标准和指标。项目目标必须包括项目成本、项目工期和项目质量等方面的指标，这些指标必须具体、明确，而且尽可能量化。项目目标应该具有属性、计量单位和数量值，未量化的目标未来会存在很大的风险。

（4）项目成果的简要描述。项目范围说明书（初步）应介绍项目成果的概况，阐明项目工作完成后项目成果的特征。项目成果说明通常在项目工作的早期描述较少，而在项目的后期描述较多，因为项目成果的特征是逐步显现出来的。项目成果说明也应该记载已完成的成果同商家的需要或别的影响因素间的关系，它会对项目产生积极的影响。

2. 辅助性细节

辅助性细节主要包括项目的有关假设及制约因素的描述。

3．项目范围管理规划

项目范围管理规划文件主要是描述如何管理和控制项目的范围，以及如何对项目范围的变更进行管理的一种计划文件。项目范围管理规划是项目管理团队确定、记载、核实、管理和控制项目范围的指南，主要包括：说明如何管理项目范围以及如何将变更纳入到项目的范围之内；对项目范围稳定性的评价，即项目范围变化的可能性、频率和幅度；说明如何识别范围变更以及如何对其进行分类。具体有：

（1）根据项目初步范围说明书编制详细项目范围说明书的一个过程。

（2）能够根据详细的项目范围说明书制作工作分解结构，并确定如何维持与批准该工作分解结构的一个过程。

（3）规定如何正式核实与验收项目已完成可交付成果的一个过程。

（4）控制项目范围说明书变更请求处理方式的一个过程。

根据项目的需要，项目范围管理规划可以是正式的或是非正式的，可以是非常详细的，也可以只是一个大概框架。该规划是整个项目计划的一个附属部分。

5.2　项目范围定义

项目范围定义就是把项目的主要可交付成果划分为较小的、更易管理的许多组成部分（即项目可交付成果），最终定义和界定项目产出物范围的项目管理活动。项目范围定义要以其组成产品的范围定义为基础，这是一个由一般到具体、层层深入的过程。在项目的范围规划中，对这些任务进行了概括说明；在项目范围定义中，将这些任务再逐步细化，直至落实到完成它的每一个人或每一个小组。项目范围定义的目的在于明确界定项目产出物和项目可交付成果及其各种约束条件等。项目范围定义给出的项目范围界定是下一步开展项目工作分解的依据，也是进行项目成本、项目时间和项目资源管理的基础之一。正确合理的项目范围定义对于项目的成功是至关重要的，否则项目最终可能会失败。

项目范围定义是通过任务分解实现的，任务分解就是把笼统的、不能具体操作的任务细分成较小的且易执行和控制的、包含具体细节的可操作任务。任务分解有助于提高项目成本估算、进度和资源估算的准确性，有利于对项目的执行情况进行评价，便于明确项目团队成员的职责和进行资源分配。

项目范围定义的主要工作如表 5-2 所示。

表 5-2　项目范围定义的主要工作

依　　据	工具与技术	结　　果
项目管理规划	专家判断	项目范围说明书
项目章程	利益相关者分析	项目范围管理规划（更新）
初步范围说明书	成果分析	
需求建议书	成本效益分析	
组织过程资产	项目方案识别技术	
	工作分解结构	

5.2.1　项目范围定义的依据

项目范围定义的依据如下。

（1）范围管理规划。

（2）项目章程。

（3）初步范围说明书。初步范围说明书为将来项目实施提供了基础。其内容包括以下几部分。

1）项目合理性说明。即解释为何要进行这一项目，为以后权衡各种利弊关系提供依据。

2）可交付成果清单。

3）项目目标的实现程度。

（4）需求建议书。

（5）组织过程资产。组织过程资产是能够影响项目范围管理方式的正式和非正式的方针、程序和指导原则。可能影响项目范围定义过程的组织过程资产主要包括以下部分。

1）用于指定项目范围说明书的政策、程序和模板。

2）以往项目的项目档案。

3）历史资料。其他项目的相关历史资料，特别是经验教训，在确定范围定义时也应考虑。

5.2.2　项目范围定义的工具与技术

1. 专家判断

在制定项目管理范围计划时，利用专家就以往同等项目的范围管理方式所做出的判断称为专家判断。专家判断法即利用各领域的专家来帮助项目团队制定范围计划，专家可以是来自各领域的具有专业知识和技能的人员，也可以来自咨询公司、行业协会等。

2. 利益相关者分析

利益相关者分析识别各种各样利益相关者的影响和利益，并将其需要、愿望与期望具化成文件。分析之后，对这些需要、愿望与期望进行选择，确定重要性大小顺序，加以量化，并编写出要求说明书。不能量化的期望如顾客的满意程度，能被成功满足的不确定性很大。利益相关者的利益可能受到项目执行或完成的有利或不利影响，因此，他们也会对项目及其可交付成果施加影响。

3. 成果分析

通过成果分析可以加深对项目成果的理解，确定其是否必要、是否有价值。将项目目标变成有形的可交付成果和要求说明书，每一个应用领域都有一个或多个普遍公认的方法。成果分析包括产品分解、系统分析、系统工程、价值工程、价值分析和功能分析等技术。

4. 成本效益分析

成本效益分析就是估算不同项目实施方案的内部与外部、有形与无形的费用和效益，通过项目投资的收益率、投资回收期等财务指标，估计各个实施方案的相对优越性。

5. 项目方案识别技术

这里的项目方案是实现项目目标的方案。项目方案识别技术泛指提出实现项目目标的执行与实施项目工作的不同方法的一种技术，最常用的是头脑风暴法与横向思维法。

6. 工作分解结构

工作分解结构（Work Breakdown Structure，WBS）是一种为了便于管理和控制而将项目工作分解的技术，是项目范围定义中最有价值的工具。WBS 逐层把项目分解成子项目，子项目再分解形成更小的、更易于管理的工作单元（或工作包），直至具体的活动（或工序）。WBS 可以把整个项目联系起来，把项目目标逐步细分成许多可行的，并且是相对短期的任务。

有关 WBS 的内容详见 5.4 节。

5.2.3 项目范围定义的结果

1. 项目范围说明书

项目范围说明书是在初步项目范围说明书基础上进一步细化和制定的，是对项目范围、主要可交付成果、假设条件和制约因素的描述，详细说明了项目产出物或可交付物及生成这些项目交付物所要求的工作。项目范围说明书也是项目相关利益主体有关项目目标和要求就项目范围的共同意愿表述。为了便于管理利益相关者的期望，项目范围说明书可明确指出哪些工作不属于本项目范围。项目范围说明书使项目团队能进行更详细的规划，在执行过程中指导项目团队的工作，成为评价变更请求或增加的工作是否超出了项目边界的基准。

项目范围说明书主要包括一下事项。

（1）项目目标。项目目标包括可测量的项目费用、进度和质量指标。

（2）产品范围说明书。产品范围说明书说明了项目应创造的产品、服务或成果的特征。这些特征通常在项目的早期阶段不够详细，而在以后的阶段，随着产品的特征逐步明确，产品范围说明书也就逐步详细起来。

（3）项目要求说明书。项目要求说明书说明了项目可交付成果为满足合同、标准、技术规定说明书或其他正式强制性文件的要求，而必须满足的条件或必须具备的能力。对利益相关者所有需要、愿望和期望所做的利益相关者分析结果，要按照轻重缓急和重要性大小反映在项目要求说明书中。

（4）项目边界。项目边界通常明确哪些事项属于项目的内容，哪些事项不包括在项目之内。

（5）项目可交付成果。可交付成果既包括由项目产品、服务或成果组成的结果，也包括附带结果，如项目管理报告和文件。对可交付成果可以概括，也可以详细说明，具体视项目范围说明书的情况而定。

（6）产品验收准则。产品验收准则则明确了验收已完成产品的过程和原则。

（7）项目制约因素。项目制约因素列出并说明同项目范围有关并限制项目团队选择的具体项目制约因素。

（8）项目假设。项目假设列出并说明同项目范围有关的具体项目假设，以及在其不成立时可能造成的潜在后果。

（9）项目初步组织。项目初步组织识别了项目团队的成员与利益相关者，形成了初步的项目组织文件。

（10）初步确定的项目风险。

（11）进度里程碑。

（12）资金限制。资金限制说明了置于项目资金上的所有限制，包括总金额或规定的时间。

（13）费用估算。

（14）项目配置管理要求。项目配置管理要求说明了项目实施的配置管理和变更控制水平。

（15）项目技术规定说明书。项目技术规定说明书识别了项目应当遵循的技术规定文件。

（16）批准要求。批准要求规定了适用于项目目标、可交付成果、文件和工作等事项的批准要求。

2．项目范围管理计划（更新）

项目范围管理计划可能需要更新，以便将范围定义过程产生并批准的变更请求纳入其中。更新主要包括对项目产出物和项目工作范围的更新，对项目产出物和项目工作配置关系的更新，以及由于项目范围变动所引起的项目成本、时间和质量等方面的更新等。另外，这种更新还包括对与项目集成计划有关的各个项目专项计划的更新，这会涉及有关项目时间、成本、质量、采购和风险等各方面管理计划的更新。更新的项目范围管理计划主要包括如何管理变更的请求、范围稳定性评价等。

5.3　项目范围分解

项目范围分解实际上是一项对项目范围定义后给出的项目工作范围进行进一步细化和分解的项目范围管理工作。通过项目范围分解，可以把项目工作分成较小的更便于管理的多项工作，每下降一个层次意味着对项目工作更详细的说明。这一工作最主要的内容是对定义出的项目工作范围进行全面的分解，最终给出项目WBS 和项目 WBS 词典等项目范围分解的文件。

WBS 描述了人们所要完成的项目工作范围，可以使人们能够清楚地知道整个项目要干什么工作和项目的可交付物是通过开展哪些工作而生成的。所以项目分解的核心内容是给出项目 WBS，尤其是项目 WBS 中最底层的项目工作包。

项目范围分解的主要工作如表 5-3 所示。

表 5-3 项目范围分解的主要工作

依　据	工具与技术	结　果
项目范围说明书 项目范围管理规划 组织过程资产 批准的变更请求	WBS 样板 工作分解技术	项目范围说明书（更新） 项目 WBS 图及相关文件 WBS 词典

5.3.1　项目范围分解的依据

项目范围分解的依据如下。

（1）项目范围说明书。它可以帮助项目利益相关者就项目范围达成共识，为项目实施提供了基础。

（2）项目范围管理计划。

（3）组织过程资产。可能影响范围分解的组织过程资产主要包括以下部分。

1）用于创建 WBS 的政策、程序和模板。

2）以往项目的项目档案。

3）历史资料。

（4）批准的变更请求。

5.3.2　项目范围分解的工具与技术

1. WBS 样板

WBS 是项目管理中的一种基本方法。它主要应用于项目范围管理，是一种在项目全范围分解和定义各层次工作包的方法。它按照项目发展的规律，依据一定的原则和规定，进行系统化的、相互关联的和协调的层次分解。结构层次越往下层则项目组成部分的定义越详细。WBS 最后构成一份层次清晰的结构，可以具体作为组织项目实施的工作依据。

WBS 通常是一种面向"成果"的"树"，其最底层是细化后的"可交付成果"，该结构组织和确定了项目的整个范围。但 WBS 的形式并不仅限于树状，还有多种形式。

一个组织过去所实施项目的 WBS 常常可以作为新项目的 WBS 样板。虽然每个项目都是独一无二的，但仍有许多项目彼此之间存在着很多的相似之处。许多应用领域都有标准的或半标准的 WBS 作为样板。

项目 WBS 样板是指项目的工作分解可以借用项目所属专业技术领域中的标准

化或半标准化的项目 WBS 样板，然后根据具体项目的具体情况和要求进行必要的增加或删减而得到项目 WBS 的方法。多数项目的工作分解可以使用项目 WBS 样板。其主要工作是先进行项目 WBS 样板的确定，然后根据具体项目的具体情况进行工作的增加或减少，最后进行项目 WBS 的分析和检验。

在选择 WBS 样板时，可以借用项目所属专业技术领域或行业的标准化或通用化的项目 WBS 模板，也可以使用某个相似历史项目的 WBS，甚至是专门设计一个项目 WBS 并用做项目 WBS 的样板。通常这种样板包含的项目工作包比具体项目所需的项目工作包多些。

2．工作分解技术

工作分解技术主要有以下几种。

（1）结构化分解方法。任何项目系统都有它的结构，都可以进行结构分解。例如，工程技术系统可以按照一定的规则分解成子系统、功能区和专业要素；项目的目标系统可以分解成系统目标、子目标、可执行目标；项目的总成本可以按照一定的规则分解为相关成本要素。此外，组织系统、管理信息系统也都可以进行结构分解，分解的结果通常为树状结构图。

结构化分解方法主要包括基于功能（系统）的分解结构（见图 5-1）、基于成果（系统）的分解结构（见图 5-2）和基于过程的分解结构（见图 5-3）。

1）基于功能（系统）的分解结构如图 5-1 所示。

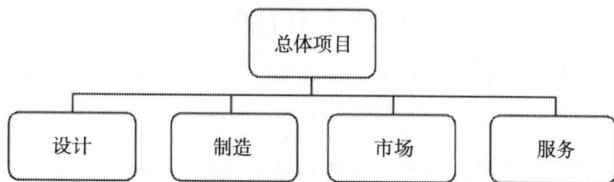

```
                    总体项目
         ┌──────┬──────┼──────┬──────┐
       设计    制造    市场    服务
```

图 5-1　基于功能（系统）的分解结构

2）基于成果（系统）的分解结构如图 5-2 所示。

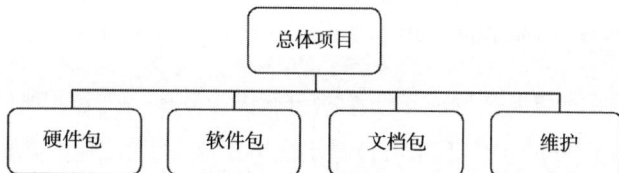

```
                    总体项目
         ┌──────┬──────┼──────┬──────┐
       硬件包  软件包  文档包   维护
```

图 5-2　基于成果（系统）的分解结构

3）基于工作过程的分解结构如图 5-3 所示。

图 5-3　基于工作过程的分解结构

（2）过程化方法。项目由许多活动组成，活动的有机组成形成过程。该过程可以分为许多相互依赖的子过程或阶段。在项目管理中，可以从如下几个角度进行过程分解。

1）项目实施过程。根据系统生命周期原理，把工程项目科学地分为若干发展阶段，如前期策划、设计和计划、实施、运行等，每一个阶段还可以进一步分解成工作过程。

不同项目的实施过程会有些差别，例如美国海军部将武器研制项目分为七大阶段：任务需求评估、初步可行性研究、可行性研究、项目决策、计划与研制、生产及使用阶段。相邻两个阶段之间有一个决策点和正式评审程序。同样，每个阶段又可分成许多工作过程。

2）管理工作过程。例如，整个项目管理过程，或某一种职能管理（如成本管理、合同管理、质量管理等）过程都可以分解成许多管理活动，如预测、决策、计划、实施控制、反馈等，它们形成一个工作过程。

3）行政工作过程。例如，在项目实施过程中各种申报和批准的过程、招投标过程等。

4）专业工作的实施过程。这种分解对工作包内工序（或更细的工程活动）的安排和构造工作包的自网络是十分重要的。

在这些过程中，项目实施过程和项目管理过程是对项目管理者来说是最重要的过程，项目管理者必须十分熟悉这些过程。项目管理实质上就是对这些过程的管理。

5.3.3　项目范围分解的结果

项目范围分解的结果是形成工作结构分解图，WBS 确定了项目的整个范围，也就是说，WBS 以外的工作不在项目范围之内。在项目范围说明的基础上，WBS 有助于加深对项目范围的理解。项目范围分解的主要结果如下。

1. 项目范围说明书（更新）

如果制作工作分解结构过程有批准的变更请求，则将批准的变更纳入项目范围说明书，使之更新。

2. 项目 WBS 图及其相关文件

项目 WBS 通常用于分解和给出一个项目的工作范围，在项目 WBS 中最主要的内容有：项目工作包、项目工作包之间的关系和项目工作包与项目产出物或项目可交付物之间的关系。每个项目工作包都有一个独特的标识，这些标识按照一定的层次结构形成了一个项目 WBS 的标识系统，该系统是下一步开展项目成本和资源配置的依据之一。

项目 WBS 是最基本的项目分解结构，由此可以生成项目的其他一些分解结构。项目 WBS 是其他分解结构的主要依据，在一般项目管理中人们常用的其他分解结构有如下几种。

（1）项目组织分解结构。该分解结构是按照层次将工作细目与组织单位形象地、有条理地联系起来的一种项目组织安排图形。

（2）项目合同工作分解结构。该分解结构是定义承包商或发包商为项目业主/顾客提供产出物和服务内容的文件。

（3）材料清单。该分解结构是将制造产品所需的实体部件、组件和组成部分按照组成关系以表格形式表现出来的正式文件。

（4）风险分解结构。该分解结构是按照风险类别形象而又有条理地说明已经识别的项目风险层次结构的一种图形。

（5）资源分解结构。该分解结构是按照种类和形式而对将用于项目的资源进行划分的层级结构。

3. WBS 词典

制作 WBS 过程生成的并与 WBS 配合使用的文件叫做 WBS 词典。WBS 词典主要包括编码、工作包描述（内容）、成本预算、时间安排、质量标准或要求、责任人或部门或外部单位（委托项目）、资源配置情况、其他属性等。WBS 各组成部分的详细内容，包括工作细目与控制账户可以在 WBS 词典中说明。对于每个 WBS 组成部分，WBS 词典都相应地列入一个账户编码条码、一份工作说明书、负责的组织，以及一份进度里程碑清单。WBS 组成部分的信息可能有合同信息、质量要求，以及有助于实施工作的技术参考文献。控制账户的其他信息可能是一个收费编号。工作细目的其他信息会是一份有关的计划活动、所需资源与费用估算的清单。必要时，每个 WBS 组成部分都可以与 WBS 词典中其他 WBS 组成部分相互查阅。

4．范围基准

批准的详细项目范围说明书与对应的 WBS 及其词汇表都是项目的范围基准。

5．项目范围管理计划（更新）

如果在制作 WBS 过程中有批准的变更请求，则项目范围管理计划可能需要更新，以便将批准的变更纳入其中。

6．请求的变更

在制作 WBS 过程中可能对项目范围说明书及其组成部分提出变更请求，并通过整体变更控制过程进行审查与批准。

5.4 WBS 的制定

5.4.1 WBS 概述及相关术语

1．WBS

WBS 作为项目管理的一种核心方法，主要应用于项目的范围管理，它是一种在项目全范围内分解和定义各层次工作包的方法。

WBS 通常是一种面向"成果"的"树"，其最底层是细化后的"可交付成果"。它是将项目的各项内容按其相关关系逐层进行分解，直到工作内容单一、便于组织管理的工作单元为止，并把个单项工作在整个项目中的地位、构成直观地表示出来，以便更有效地计划、组织、控制项目整体实施的一种方法。进行工作分解非常重要，它在很大程度上决定项目能否成功。如果项目工作分解得不好，在实施的过程中难免要进行修改，可能会打乱项目的进程，造成返工、延误时间、增加费用等。WBS 是一种层次化的树状结构，是将项目按一定的方法划分为更容易管理的项目单元，通过控制这些单元的费用、进度和质量目标，使它们之间的关系协调一致，从而达到控制整个项目目标的目的。

对项目范围内的工作任务进行分解的过程看起来比较简单，就是把一个项目的全部工作分解成更为细小和具体的工作。所以在实际工作中大多数项目的工作分解都是自发性的，很多项目经理没有接受过运用 WBS 进行工作分解的培训，在工作分解的过程中对于工作分解的科学性也没有予以足够的重视。目前，无论是在项目

管理理论描述还是在工作实践中，WBS 都没有得到应有的重视。实际上运用 WBS
进行分解的过程是一个包含很多科学性、艺术性的过程。用不同的分解方法会得到
一个完全不同的项目管理成果，而这个成果，直接影响到项目的所有计划管理和控
制管理以及项目最终可交付成果的产出。

运用 WBS 对项目的工作进行分解是项目管理过程中最为重要，也是最为复杂
的管理工作之一。项目的所有计划工作包括项目的时间计划、成本计划、风险计划、
质量计划、人力资源计划、沟通计划、采购计划和对项目的集成管理，都必须位于
一个良好的 WBS 中。WBS 是在整个项目的设计和范围计划的管理过程中产生的最
主要的管理成果之一。项目的 WBS 应该能够直接反映项目所在组织的战略设计和
项目环境对项目的影响，如果没有一个良好的 WBS，就不可能实现项目为战略提
供支持和服务的目标。同样，在对项目进行管理的阶段，没有 WBS，后来所有的
项目计划和管理工作也都不可能取得良好的效果。可以说，WBS 是整个项目管理
系统中的骨架和枢纽，没有这个骨架和枢纽，就没有项目管理。

2．工作包

工作包是完成项目目标所要进行的相关工作活动的集合，为项目控制提供充分、
合适的管理信息。它位于 WBS 的最底层，也是 WBS 最低层次的可交付成果。建
立有效工作包的原则如下。

（1）工作包应是可确定的、特定的、可交付的独立单元。

（2）工作包中的工作责任应落实到具体的单位或个人。

（3）工作包的大多数工作应适用相同的工作人员，从而提高人员之间的沟通。

（4）工作包应与特定的 WBS 单元直接相关，并作为其扩展。

（5）工作包单元的周期应是最短周期。

（6）应明确本工作包与其他工作包之间的关系。

（7）能确定实际的预算和资源需求。

3．WBS 的编码

按照特定的规则对分解结构图中的各个结点进行编码，可简化项目实施过程中
的信息交流。制订项目的成本、进度和质量等计划时不但可以利用编码代表任务名
称，而且可以根据任务的编码情况推断出该任务在 WBS 图中的位置，这就要求每
个任务结点的编码保持唯一性。

WBS 的编码方法有很多种，最常见的方法是利用数字进行编码。下面以一个
4 层的 WBS 为例来说明如何编码。

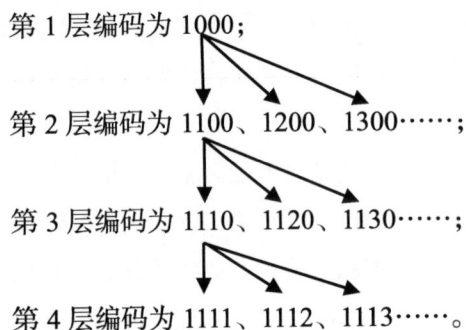

第 1 层编码为 1000;

第 2 层编码为 1100、1200、1300……;

第 3 层编码为 1110、1120、1130……;

第 4 层编码为 1111、1112、1113……。

4. WBS 词典

由于项目,特别是那些较大的项目都有许多工作块,而对于这些最底层的工作块,要有全面、详细和明确的文字说明。因此,常常把这些的工作块文字说明汇集在一起,编成一个项目的 WBS 词典,以便需要时查阅。

WBS 词典通常包括编码、工作包描述(内容)、成本预算、时间安排、质量标准或要求、责任人或部门或外部单位(委托项目)、资源配置情况、其他属性等。表 5-4 是一个 WBS 词典的示例。

表 5-4　WBS 词典示例

作业编号	A1020
责任人/授权人	张大千/李开明
作业内容	主楼建筑工程 3~4 层
施工条件	第 2 层施工完毕,图纸具备,现场具备施工条件
标准、规范、方法	按设计图纸要求,采用钢模板现浇结构混凝土
施工成果	结构混凝土符合设计要求,不包括……
质量控制方法	模板质量检查、面板安装检查、混凝土浇注质量
开工/完工日期	2002/07/21,2002/08/29
资源要求	吊车一台、模板工 10 个、混凝土工 3 个、84m³ 混凝土
工程量要求	150m² 面板架设,浇注 84m³ 混凝土
假设条件	天气晴朗,电源有保障、不发生安全事故

5.4.2　WBS 的创建原则

WBS 的创建原则如下。

(1)对项目的各项活动按实施过程、产品开发周期或活动性质等分类。

（2）在分解任务的过程中不必考虑工作进行的顺序。

（3）不同项目分解的层次不同，不必强求结构对称。

（4）把工作分解到能以可靠的工作量估计为止。

（5）最低一级的具体工作，应能分配给某个或某几个人具体负责。

（6）一个单位工作任务只能在 WBS 中的一个地方出现。

（7）一个 WBS 项的工作内容是其下一级各项工作之和。

（8）WBS 中每一项工作都只有一个负责人，即使这项工作需要多人来完成，也是如此。

（9）WBS 必须与工作任务的实际执行过程相一致。WBS 首先应当服务于项目组，可能的话，再考虑其他目的。

（10）项目组成员必须参与 WBS 的制定，以确保一致性和全员参与。

（11）每一个 WBS 项都必须归档，以确保准确理解该项目包括和不包括的工作范围。

（12）根据正常的范围说明书对项目工作内容进行控制时，还必须让 WBS 具有一定的灵活性，以适应无法避免的变更需要。

（13）应该遵循 80h（或 40h）规则，将 WBS 中的工作细分到两周或一周就可以完成，以便检查和控制。

5.4.3　工作分解的方法

WBS 的运用结构应以等级状或树状来构成。根据实践和研究表明，在项目范围管理中运用 WBS 的时候，主要有以下三种方法。

1. 类比法

以一个类似项目的 WBS 为基础，制定本项目的 WBS。例如，某 IT 组织在开发某种软件方面有着丰富的经验，当他们计划生产某种新的软件时，就可以借鉴以前开发过的类似项目的 WBS，以旧的 WBS 的范围和层级为基础，开始新项目 WBS 的编制。例如，该项目是第二次为 A 组织开发软件，那么第一次项目 WBS 中的关于了解用户、了解管理部门、了解企业环境等一些重复性较强的工作包就可以借鉴到新的 WBS 的工作包设计中。一般来说，重复次数较多的项目、管理经验比较成熟的项目在运用 WBS 的时候可以使用类比法。

2. 自上而下法

这是构建 WBS 的常规方法，即逐步将工作分解成下一级的多个子项，这个过程就是不断细化工作任务。自上而下法实际上是一种系统思考法，这种方法需要项目团队必须具备比较全面的项目经验，项目经理要具备一定的系统思维能力和相关的知识。自上而下法最符合人们的常规思维和计划方式，即从宏观开始计划和考虑，在宏观的指导下逐步细化和分解为下一级的多个子项工作。这个过程就是要不断增加级数，细化工作任务。

如果项目团队中有对本项目经验丰富的专家，或者项目对于项目团队来说不是很陌生，自上而下法是最佳的方法。

3. 自下而上法

自下而上法实际上是对项目工作分解的一个先发散后归纳的过程。自下而上法就是要让项目团队成员从一开始就尽可能地确定与项目有关的各项具体任务，然后对各项具体任务进行分析和整合，再归纳总结到一个整体活动或 WBS 的上一级内容中去。还是以 IT 软件开发为例，如果该项目是第一次为 A 组织开发软件，那么项目团队在制定确认用户需求工作包的时候，就可以采取自下而上法。项目团队的营销人员负责制定如何拜访客户的工作包，软件工程师负责制定如何确定客户对系统要求的工作包，项目经理把这两个工作包集合在一起就可以得出上一级的工作包——确认客户需求。

自下而上法一般都很费时，团队成员可以用类似头脑风暴的方法，一开始尽可能地确定各项具体任务，然后将各项具体任务进行分析和整合，形成零散的思路，最后再由微观到宏观进行归纳。自下而上法对于独特性和创新性较强的项目WBS的创建来说，是一种很好的方法。

需要强调的一点是，以上这三种方法可以交替使用，一个项目团队可以在制定WBS 时首先使用类比法借鉴相关项目的经验，然后使用自上而下法对项目的工作进行系统的分解，最后使用自下而上法再对 WBS 中有可能遗漏的工作进行补充。在实际的项目范围计划中，WBS 的自上而下法和自下而上法应该是交替使用的。对于项目的这两种工作的分解也是项目团队对项目工作分析的两种思维方式，只有将自上而下的演绎思维和自下而上的归纳思维结合在一起，思维才能有系统性和全局性，才能做到对项目工作计划的全局考虑。这一点也正是项目范围管理的核心所在。

5.4.4　运用 WBS 对项目工作分解的方法

运用 WBS 对项目工作进行分解有许多方法，如按照项目的可交付成果分解，按照项目的专业分工分解，按照项目生命周期的不同阶段分解，按照项目的子系统、子工程分解等。以上每种方法都有其优缺点。一般情况下，确定项目的 WBS 需要组合以上几种方法进行，在 WBS 的不同层次使用不同的方法。小的项目只需要很简单的 WBS，结构的划分基本上是一目了然。随着项目规模的增加，WBS 愈加复杂。对于大型项目而言，确定项目的 WBS 是一个循序渐进的过程，往往不可能一蹴而就，需要经过多次沟通、反馈和修正，最后才能得到一个各方都能接受的 WBS。

现在的项目管理实践中，对 WBS 第一层次的分解主要有以下几种普遍的分解方法。

1. 按项目的专业分工分解项目

这种方法是比较容易的分解方法，项目团队在确定了项目的专业工作分工后就可以进行工作的分解。但是用这种方法分解项目工作最大的缺点是很难对项目的工作进行协调，也就是项目的协调工作或者沟通工作有时候很难设计到项目的工作包中。例如，在制定某项目客户需求调查的工作包中，该项工作需要市场部的人员和技术部的人员密切配合，如果该项目是按照专业分工来进行分解的，那么客户需求调查工作包的内容就很容易被划分在不同的领域或者层级中。对于一些大型项目中需要包含大量协调工作的工作包来说，这样的划分方式就会让两个项目组之间的协调工作很困难。按照这种方式分解工作，项目团队成员在分解到一定层级的时候，尤其是涉及很多协调工作的时候，往往不知道该如何进一步划分，或者某项工作包到底是该属于谁的。如某一光伏施工项目按项目的专业分工进行分解，可分解为土建施工项目、光伏施工项目、电力施工项目和高压施工项目，如图 5-4 所示。

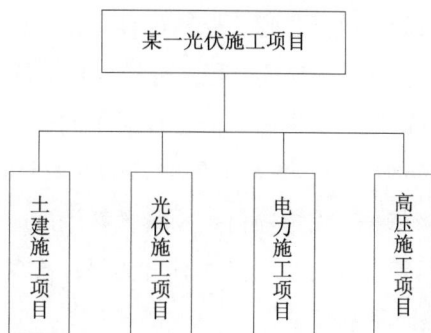

图 5-4　按项目的专业分工分解项目

2. 按项目生命周期的不同阶段分解项目

项目生命周期一般划分为概念、开发、实施和收尾四个阶段。按照项目生命周期的不同阶段分解项目是目前很多项目团队在使用 WBS 的过程中最常用的方法，使用这种方法最大的好处就是项目的工作分解比较容易，只要按照项目生命周期的四个阶段来分解工作任务就行。但是对于时间要求比较紧（这样的项目往往因为比较紧的工期而要求采用大量的并行工程）的项目来说，或者对于不确定性比较大（项目的后期工作不确定性很大）的项目来说，按照项目生命周期的不同阶段分解项目就不太科学，同时也会造成很多协调上的麻烦。例如，在某项应急项目中可能很难（也没有时间）预测出什么时候进入项目的计划阶段，什么时候进入项目的执行阶段。在一些边计划边执行的项目中，按照项目生命周期的不同阶段分解项目的工作就会造成项目工作包之间逻辑上的混乱。如一个建设工程，根据其生命周期的不同阶段，可分为决策阶段、实施阶段和使用阶段，如图 5-5 所示。

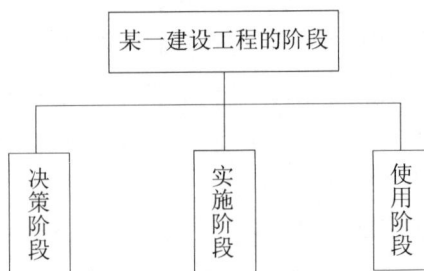

图 5-5 按项目生命周期的不同阶段分解项目

3. 按项目管理过程组分解项目

任何项目的管理过程组都包括启动过程、计划过程、执行过程、控制过程和收尾过程五个过程组。按照项目管理的过程组来分解项目，即项目的第一级的 WBS 分别是启动过程、计划过程、执行过程、控制过程和收尾过程五个部分，然后以此为基础继续细分 WBS。按照项目管理过程组分解项目的优点是：任何项目都有启动过程和收尾过程，并且这两个过程组中的工作对不同项目而言几乎是相同的，同时计划过程也有很大的相似性。这些特点可以让项目执行组织以前的项目 WBS 成为新项目的有价值的参考依据，缩短项目范围管理耗用的时间。如在一个建设项目的实施过程中，根据项目管理的过程，可将其分为设计准备、设计、施工、动用前准备和保修等过程，如图 5-6 所示。

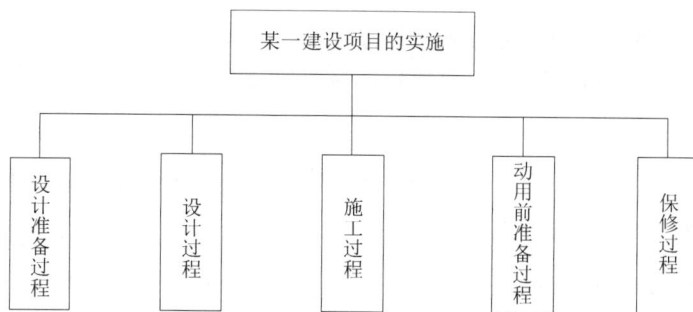

图 5-6　按项目管理过程分解项目

4. 按项目的子系统、子工程分解项目

按照项目的子系统、子工程分解工作容易界定项目的范围。该分解结构是对项目产品物理结构的分解，WBS 层次的划分取决于子系统和子工程的复杂程度。这种划分方法对于子系统与子系统之间联系比较简单的项目来说相对容易一些，但这种方法应用到系统界面或接口比较复杂的项目中容易出现项目管理过程中横向管理关系工作难以界定的问题，对于一些项目中集成工作包的安排也不容易界定，如建筑工程的总体设计工作包、弱电系统设计工作包等。在实践中，按照项目的子系统、子工程进行分解的项目往往很容易忽略一些技术管理外的工作，比如客户关系的管理等。这样就会使得项目的可交付成果没有完全被 WBS 所支持，导致最后项目交付的时候无法完全满足项目客户或者项目利益相关者对项目成果的接受。如要完成一高层办公大楼工程，其子工程包括地下工程、裙房结构工程、高层主体结构工程、幕墙工程、建筑设备工程、弱电工程和室外总体工程，如图 5-7 所示。

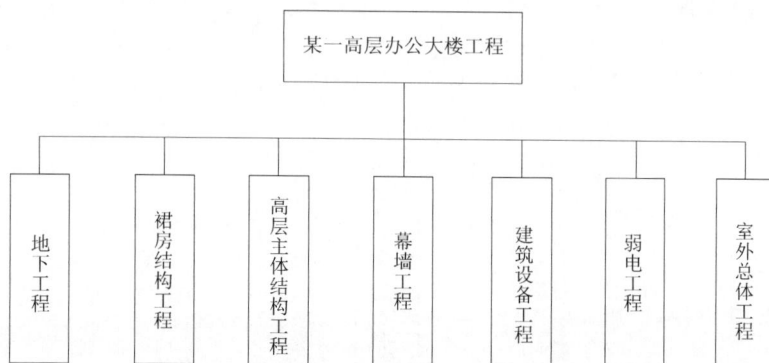

图 5-7　按项目的子系统、子工程分解项目

5. 按项目的可交付成果分解项目

项目团队把在项目范围说明书中定义出来的项目可交付成果作为分解结构的

第一层，然后围绕项目的可交付成果进行分解。本书认为在大多数的情况下，项目团队应该运用这种方法对项目工作进行分解，主要理由如下。

（1）项目的可交付成果代表着客户和项目利益相关者的愿望，是项目团队和项目客户协议后的结果。以项目的可交付成果为中心的 WBS 可以保证项目的所有工作是围绕客户的需求来开展的。

（2）按照项目的可交付成果进行工作分解，可以确保项目的工作是紧紧围绕项目的可交付成果来开展的。项目团队的工作目标明确，责任容易划分，可以有效地避免把那些不支持项目可交付成果的工作列入 WBS 中。

（3）把项目的可交付成果列为工作分解结构的第一层，可以保证项目的成功完成。项目团队在项目范围说明书中列出了项目的主要可交付成果，而且对于这些要求交付的成果都做出了明确的要求和说明。如果这些被列入项目可交付成果清单的事项被圆满完成，并交付给项目的客户，就标志着项目阶段或项目的成功完成。所以，把可交付成果列为 WBS 的第一层然后进行工作的分解，那么只要完成了第二层以下的全部工作，就意味着项目阶段或项目的完成。

（4）以可交付成果为中心的 WBS，可以加强项目中各利益相关者的沟通和管理（因为项目中各利益相关者更加关心项目可交付成果的完成情况）。

（5）因为项目可交付成果是在组织的战略指导下完成的，以可交付成果为中心的 WBS，可以保证项目和项目工作的开展有效地支持组织战略目标的完成。

如要完成一个广告策划项目，必须完成的可交付成果有广告策划书、项目执行计划及排期表、人力安排及任务分配书、效果评估或跟踪回访计划书和项目预算计划书，如图 5-8 所示。

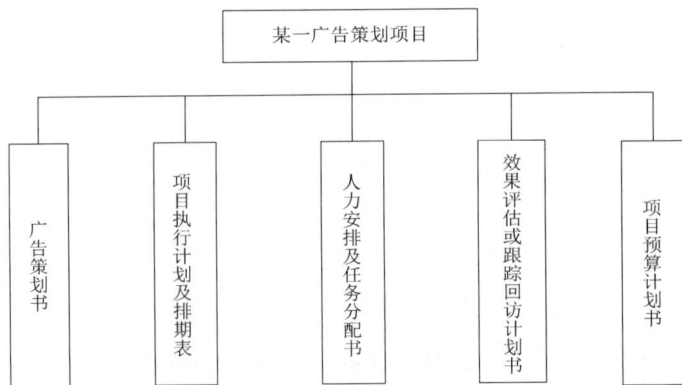

图 5-8　按项目的可交付成果分解项目

6. 按项目产品/服务分解项目

在这种方法中，项目产品/服务的内容成为 WBS 设计的结构基础，把项目产品/服务的每个构成部分作为项目 WBS 的第一级，然后以此为基础继续细分。如一住宅小区，在建造完工后，为住宅小区提供的产品/服务可以分解为住宅、生活服务区、休闲娱乐区和文化教育区，如图 5-9 所示。

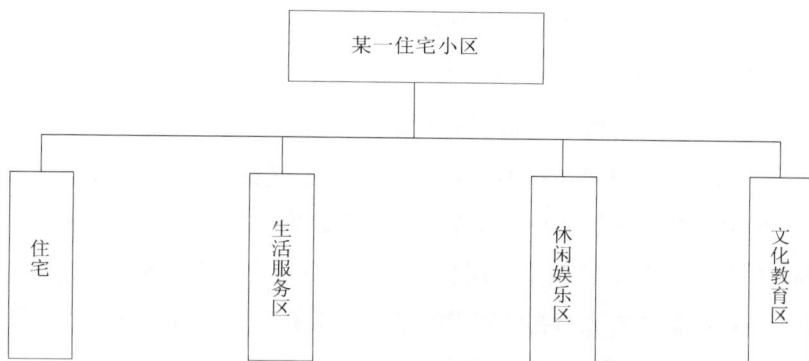

图 5-9　按项目产品/服务分解项目

5.4.5　运用 WBS 进行工作分解的步骤

1. 了解项目环境，明确项目的目标

项目团队在制定项目的 WBS 之前，一定要再次评估项目所在的环境，确认项目的目的和目标（包括子目标），了解项目的技术要求和功能特征以及对项目的其他特殊要求。在制定 WBS 前，涉及项目各部门的重要人员、项目分包商和其他与项目有关的关键工作人员都应该被确定下来，并且参与到 WBS 的制定中去。这样有助于保证在 WBS 中工作定义的准确性和充分性，并同时得到他们对项目工作在时间和资源上的承诺。

2. 明确项目的主要可交付成果

项目团队应该根据项目范围说明书中的信息进一步明确项目的主要可交付成果，对这些主要成果的完全交付标志着项目的圆满完成。明确后的主要可交付成果被列为 WBS 的第一层，构成了项目的全部范围。正如上文提到的，本书建议运用主要的可交付成果作为 WBS 的第一层，首先，是因为运用主要可交付成果进行 WBS 在项目的工作关系上逻辑要清晰一些。其次，运用可交付成果进行项目的分解可以保证项目的工作是围绕可交付成果开展的。在项目设计的过程中，可交付成果是围绕项目的战略设计和客户需求产生的，这样可以用一个结构化的方式来定义项目的工作，并且保证这些工作的开展是在战略指导下围绕客户的需求而进行的。最后，通过可交付成果来进行的工作定义，在项目执行过程中，可以保证项目工作有很强的目的性，即只有那些对可交付成果有效的工作才做，因此项目的计划和执行工作也变得更加稳定和高效。即使在项目环境不断变化的情况下，可以确定的项目工作也应该始终围绕项目的可交付成果来开展。

3．根据项目的可交付成果选择构建 WBS 的方法

在这个阶段建立 WBS 的树状结构，将项目的可交付成果不断地划分或分解成一些较小的工作单元。分解结构应以等级划分来构成，最上一层（可交付成果）代表为了完成项目所必须开展的所有工作，构成了项目的范围。然后每个层次向下分解，结构上的第二个层次比第一层要窄，工作分解结构每细分一个层次表示对项目元素更细致的描述。为了完成上一层次任务所需的所有工作都包含在下一层次中，依次类推。WBS 底层是管理项目所需的最低层次的工作，通常被称为工作包。工作包是完成一项具体的项目工作所要求的一个特定的、可确定的、可交付的以及独立的工作单元，为项目控制提供充分而合适的管理信息，也代表着项目团队和各项目利益相关者对管理项目所要求的最低控制水平。

并非 WBS 中所有的分支都必须分解到同一水平，各分支中的分解原则可能会不同。原则上对 WBS 中工作的分解应该是到可操作和可计量的程度，并确定对每个工作包分解的详细程度是否已经达到了足以编制恰当的成本和时间估算的要求。国外有项目经理提出，工作包应该分解到 80h 以内能够完成，也有人认为应该分解到 40h 以内能够完成。但实际上，哪一种对于工作包划分的定量方法都是不准确的。在实际工作中，项目团队对于工作包的划分应该结合项目的具体情况来分析。一些简单、重复劳动的工作包，或者对于项目来说不是管理重点的工作包，不一定非要划分到 80h 以内完成的层次。而那些很重要的工作包，或者风险比较大的工作包，则是分解得越细越好。对于工作包的分解实际上是项目团队对于项目工作的管理行为进行的一个选择过程，项目团队在这个过程中应该考虑到项目组织的实际情况、客户的需求情况、项目范围说明书中的信息。

在分解工作包的时候还要考虑到管理跨度的问题。如果将工作包分解到相当小和详细的程度，对于一些大型项目来说，可能就会形成上万个工作包。要用这些工作包对项目活动进行管理，可能会使项目的计划和执行陷入无穷无尽的细节中去，极大地增加了管理成本。总之，进行工作分解总的原则是 WBS 能满足项目经理管理项目的需要，工作包界面清晰，项目团队能够对分解后的工作包进行有效和精确

的控制。

在工作分解的过程中有时候会遇到项目团队分解工作到一定程度的时候就不知道如何分解的情况。在这种情况下，项目团队应该积极寻找外部的专家来帮助项目团队做分解工作。对于确定性很小、实在无法分解的工作，可以暂时不用分解，等项目进行到一定程度的时候，随着对项目工作越来越了解，再进行工作的分解。

在 WBS 的层次分解过程中，WBS 的上面三层反映了项目整合的努力程度，主要体现的是对项目的管理层面，也是项目管理者、各项目利益相关者应该关注的部分。三层以下一般都是技术层面的工作，由其他的项目团队成员进行管理和控制。

4．核实工作分解的充分性

整个项目的范围计划过程实际上就是为完成项目所必须进行的工作，而且也只定义那些能够满足项目范围的工作，不在一个 WBS 范围内的工作就不是项目中的工作。因此，应该将项目中的所有工作都分解到 WBS 中去。在 WBS 的工作分解中，也同样运用范围管理这个原理。

在制定完初步的 WBS 后，要运用完全支持的原则来核实 WBS 的完整性。首先核实 WBS 的第一层是不是包含了所有的项目可交付成果，以及第二层的工作是不是完全支持了项目的可交付成果。其次运用 WBS 分解的百分之百原则，核实下一层中所有工作的完成能不能实现上一层的任务，为完成上一层任务的工作是不是全部而且也仅仅是这些工作都包含在下一层的任务中。

需要强调的一点是，国外的项目团队在制定 WBS 的时候，很注重对项目管理过程活动的分解，而国内的项目团队很容易忽略这一点。对项目管理过程活动的分解实际上是对项目团队在管理项目的过程中的一种管理要求，以实现项目管理流程的不断改进。例如，可以把项目管理过程列为项目的可交付成果之一，并作为 WBS 的第一层。这样就可以把项目管理过程分解为项目可行性研究、项目计划、项目状态报告、项目流程控制和项目收尾。

这种对项目管理过程活动的分解极大地支持了项目管理的作用，可以把很多无法放入项目工作包的任务，如项目会议的组织、对项目报表的要求等一些重要的管理行为放到这个工作包里，从而极大地增强项目团队对项目的管理和整合能力。

5．核实工作分解的正确性

核实工作分解的正确性主要是指 WBS 是否符合以下要求。

（1）各项工作包是否得到了清晰的定义。

（2）各子项间工作界面是不是清晰。

（3）成本是否便于进行预算、跟踪并得到有效控制。

（4）进度是否能得到有效的跟踪和控制。

（5）质量是否能得到有效的跟踪和控制。

（6）是否能够准确地识别出项目的里程碑事件。

（7）能否识别出项目风险源，对风险源能否进行有效的跟踪和控制。

（8）能否支持项目的采购任务。

（9）能否支持项目的分包任务。

（10）各项工作是否得到了有效的管理控制。

（11）能否支持项目团队人员明确工作职责。

6. 制定 WBS 词典，进行工作单元编码

WBS 中的每项工作单元都要编上号码，用来识别 WBS 中的每项工作任务。对 WBS 的编码在整个 WBS 的制定过程中是很重要的一步，编码工作在开始制定 WBS 的时候就可以开始。在进行编码工作后就可以开始制定 WBS 词典，也就是对 WBS 中的每项工作给予定义，具体描述该工作任务所含的全部工作内容。WBS 词典中包含的内容主要有：识别编码，工作包的工作内容描述以及相关的计划编制信息，如进度计划、成本预算、人员安排、质量标准、技术要求和合同信息等，以便在需要时随时查阅。

在项目计划和以后的各个阶段，项目工作中各工作任务的查找、时间安排、费用预算、资源安排、质量控制和变更等各项工作都可以按照这个编码系统来按图索骥。若编码系统不完整或出现错误，在将来的管理中会引起很多麻烦。对于大型的项目来说，在进行编码设计时也应该考虑其有效性和科学性。例如，一个大型项目 WBS 中的一项工作包编码为 CT12-OESC001-R03，其中 C 是指为完成某项可交付成果的工作包，T 是指分配给某部门的工作包。如果这个工作包的执行情况不理想，项目管理人员在审核该工作包的时候，只要一看编码，就知道是哪里出了问题，这个问题该由谁负责。一个标准的 WBS 词典如表 5-5 所示。

表 5-5　标准的 WBS 词典

识别编码	工作内容	进度计划	成本预算	人员安排	质量标准
CT12-OESC 001-R03	完成子系统试验和验证	7月10日—8月5日	50万元	×××为该工作包负责人	符合行业相关标准

7. 让项目利益相关者审阅和评估 WBS

项目利益相关者应该对 WBS 的分解结果有一个明确的承认和认可，这样可以帮助项目利益相关者对项目工作进一步认可和理解。通过加强沟通尽量避免对项目可交付成果及要开展的工作所产生的理解上的不一致，同时也争取到项目利益相关者对项目工作开展的进一步支持。

8. 根据 WBS 开始项目的各项计划工作

要记住的是，WBS 不是在制定出来后就一成不变的。随着项目的开展，可能出现的范围变更、项目风险的发生或对可交付成果的进一步认识都有可能导致项目工作的增加或减少，从而造成对 WBS 不断修改。例如，很多项目不可能等到 WBS 的各个要素都计划完后才开始项目的各项计划工作，尤其对一些时间要求比较急迫或不确定性比较强的项目，采取的是波浪形的计划方式，即边计划边施工，这将导致项目任务不可能一次就明确，因此，项目的 WBS 也不可能一次性分解到位。另外，对于一些大型项目来说，由于规模很大，头绪繁多无法一下分解到位，在这种情况下也可以逐步分解，先将已经明确纳入实施计划的工作进行分解，再逐步分解其他工作。但是在任何情况下都应该保证 WBS 的百分百原则，即上一级的工作任务被下一级的工作完全支持。有的 WBS 可能到项目的后期才能够做全。在这个对 WBS 不断完善的过程中应该运用 PDCA（计划—实施—检查—处理）循环以实现 WBS 质量的不断提高。

有的项目团队在项目后期不太注意对 WBS 工作内容的完善，认为对于整个项目来说，在这个阶段对 WBS 进行完善已经没有必要了。但是作为项目经理或者项目所在的组织应该在项目结束的时候提交一个完善的 WBS，这样做一方面可以帮助以后的项目团队在开展类似项目的时候有系统的经验可以借鉴，另一方面有助于项目所在组织的项目管理成熟度不断提高。

对 WBS 的管理也应该注意其保密性。有些 WBS 可能包含了组织的商业机密和技术机密，对项目工作的分解充分体现了一个组织的管理模式和工作方式的经验和成熟度。同样的项目，一个具有丰富的管理经验、技术经验的组织和一个经验、技术上还不成熟的组织做出来的 WBS 是不一样的。组织往往依靠对一些项目的成功管理而获得竞争优势。

5.4.6　WBS 的作用

WBS描述的是一个管理思路，是一个设计和计划的思路。这个思路协助项目经理和项目团队成员形象化地在一个系统的结构下准确地界定项目工作。WBS是项目由开放管理到封闭管理的结构化框架，代表着项目经理管理结构框架的建立。

项目的WBS把项目分解成具体的活动，定义具体的工作范围，让项目利益相关者清楚了解整个项目的概况，对项目所要达成的目标达成共识，以确保不漏掉任何重要的事情。在WBS的基础上，可以制订完整的项目计划、精确估算项目成本、制订质量保证计划、明确项目团队成员责任。WBS几乎在各个知识领域中都发挥着重要作用。概括地说，项目的WBS主要有以下作用。

（1）把项目分解成具体的活动，定义具体工作范围，让相关人员清楚地了解整个项目的概况，对项目所要达到的目标形成共识，以确保不漏掉任何重要的事情。

（2）通过活动的界定，按照项目活动之间的逻辑顺序来实施项目，有助于制订完整的项目计划。

（3）通过项目分解，为制定完成项目所需要的技术、人力、时间和成本等质量和数量方面的目标提供基准。

（4）通过活动的界定，就能很明显地使项目团队成员知道自己的责任和权利，从而对其应当承担和不应当承担的责任有明确的划分。

（5）保证项目结构的系统性和完整性。分解结果代表被管理的项目范围和组成部分，它包括项目应包含的所有工作，不能有遗漏。这样才可能保证项目设计、计划、控制的完整性。这是 WBS 最基本的要求。

（6）通过结构分解，使项目的形象透明，使人们对项目一目了然，使项目的概况和组成明确、清晰。这使项目管理者，甚至不懂项目管理的业主、投资者也能把握整个项目，方便观察、了解和控制整个项目过程，同时可以分析可能存在的项目目标的不明确性。

（7）可以预估项目的工期计划、成本和费用，对资源进行分配。

（8）用于建立项目目标保证体系。WBS 能将项目实施过程、项目成果和项目组织有机地结合在一起，是进行项目任务承发包、建立项目组织、落实组织责任的依据。WBS 可以满足各层次项目参与者的需要，与项目组织结构有机地结合在一起，有助于项目经理根据各个项目单元的要求，赋予项目各部门和各职员相应的职责。

（9）将项目质量、工期、成本（投资）目标分解到各项目单元，这样可以对项目单元进行详细的设计，确定实施方案，作各种计划和风险分析，进行实施控制，对完成状况进行评价。项目 WBS 是编制项目进度计划的主要依据，在编制进度计划时，根据各活动间的逻辑关系，构成网络，确定完成工作所需的持续时间、项目的开工日期，就可以明确整个项目的进度计划。

（10）WBS 作为项目报告系统的对象，是进行各部门、各专业协调的手段。项目 WBS 和编码在项目中充当一个共同的信息交换语言。项目中的大量信息，如资源使用、进度报告、成本开支账单、质量报告、变更、会谈纪要，都以项目单元为对象收集、分类和沟通。

5.4.7　WBS 建立应注意的问题

对于实际的工程项目，特别是相对较大的项目，在进行工作分解时，需要注意下面几点。

（1）有些简单项目可以直接以工程分解结构（Engineering Breakdown Structure，EBS）作为 WBS，但是很多情况下，由于考虑到由不同的承发包方式、采购模式和分包合同内容所确定的合同结构体系（CBS），就不能直接以 EBS 作为 WBS。

（2）WBS 应当综合考虑 OBS、CBS、PMM、EBS、IBS、ABS 等进行联合策划。OBS（组织分解结构）是项目组织结构图，描述负责每个项目活动的具体组织单元。PMM 为项目管理模式，IBS（投资分解结构）与 ABS（账目分解结构），都是按照与 WBS、OBS 相适应的规则将投资进行分解而形成的相应的、便于管理的分解结构。ABS 是组织单元承担分项工作而对其投资进行管理的一种工具，可以作为项目投资测定、衡量和控制的基准。

（3）要清楚地认识到，确定项目的 WBS 就是将项目的产品或服务、组织和过程这三种不同的结构综合为项目 WBS 的过程。项目经理和项目的工作人员要善于将项目按照产品或服务的结构进行划分以及按照项目组织的责任进行划分等有机结合起来。也就是说，我们应该将项目的 WBS、IBS 和 OBS 加以综合运用。

（4）项目最底层的工作要细分得非常具体，而且要完整无缺地分配给项目内外的不同个人或组织，以便于明确各个工作块之间的界面，并促进各工作块的负责人都能明确自己的具体任务、努力的目标和承担的责任。同时，工作如果划分得具体，也便于项目的管理人员对项目的执行情况进行监督和业绩考核。实际上，进行逐层分解项目或其主要的可交付成果的过程，也就是给项目的组织人员分派各自角色和任务的过程。

（5）对于最底层的工作包，一般要有全面、详细和明确的文字说明。因为对于项目，特别是较大的项目来说，或许会有许多的工作包，所以，常常需要把所有的工作包的文字说明汇集到一起，编成一个项目分解文件的汇总文件，其中一般需要包括工作包描述以及计划编制信息，如进度计划、成本预算和人员安排，以便在需要时随时查阅。

（6）并不是 WBS 中所有的分支都必须分解到同一水平，各分支中的组织原则可能不同。任何分支最底层的细目称为工作包。工作包是完成一项具体工作所要求的一个特定的、可确定的、可交付的及独立的工作单元，需要为项目提供充分而合适的管理信息。任何项目也并不是只有唯一正确的 WBS，如同一个项目按照产品的组成部分或根据生产过程分解就能做出两种不同的 WBS。

（7）分包商及供应商的主要工作也应该包含在上层的 WBS 内，以便更好地计划与控制分包商及供应商的实施过程。

5.4.8 典型 WBS 应用示例

1. 某网站设计项目的 WBS

该项目是设计、建设并推广一个在国内销售企业自产产品的商业互联网站，其一级 WBS 分解的思路是基于项目的生命周期过程进行划分的。网站设计开发生命期的各个高层次阶段位于 WBS 的第一层次，每个高层次阶段的主要工作分别在各自范围内进一步细分描述。经过分析，最终分解的网站建设 WBS 图如图 5-10 所示。

2. 某软件园建设项目的 WBS

图 5-11 是某软件园建设项目工作分解的一个 WBS 图，它是一个群体项目，是按功能区逐层进行分解的。

3. 地铁工程建设项目的 WBS

同一个建设工程项目可有不同的项目结构的分解方法，项目结构的分解应与整个工程的实施部署相结合，并与将采用的合同结构相结合，如地铁工程主要有两种不同的合同分解方案，其对应的项目结构不同，即：

方案 1：地铁车站（一个或多个）和区间隧道（一段或多段）分别发包，如图 5-12 所示。

方案 2：一个地铁车站和一段区间隧道，或几个地铁车站和几段区间隧道作为一个标段发包，如图 5-13 所示。

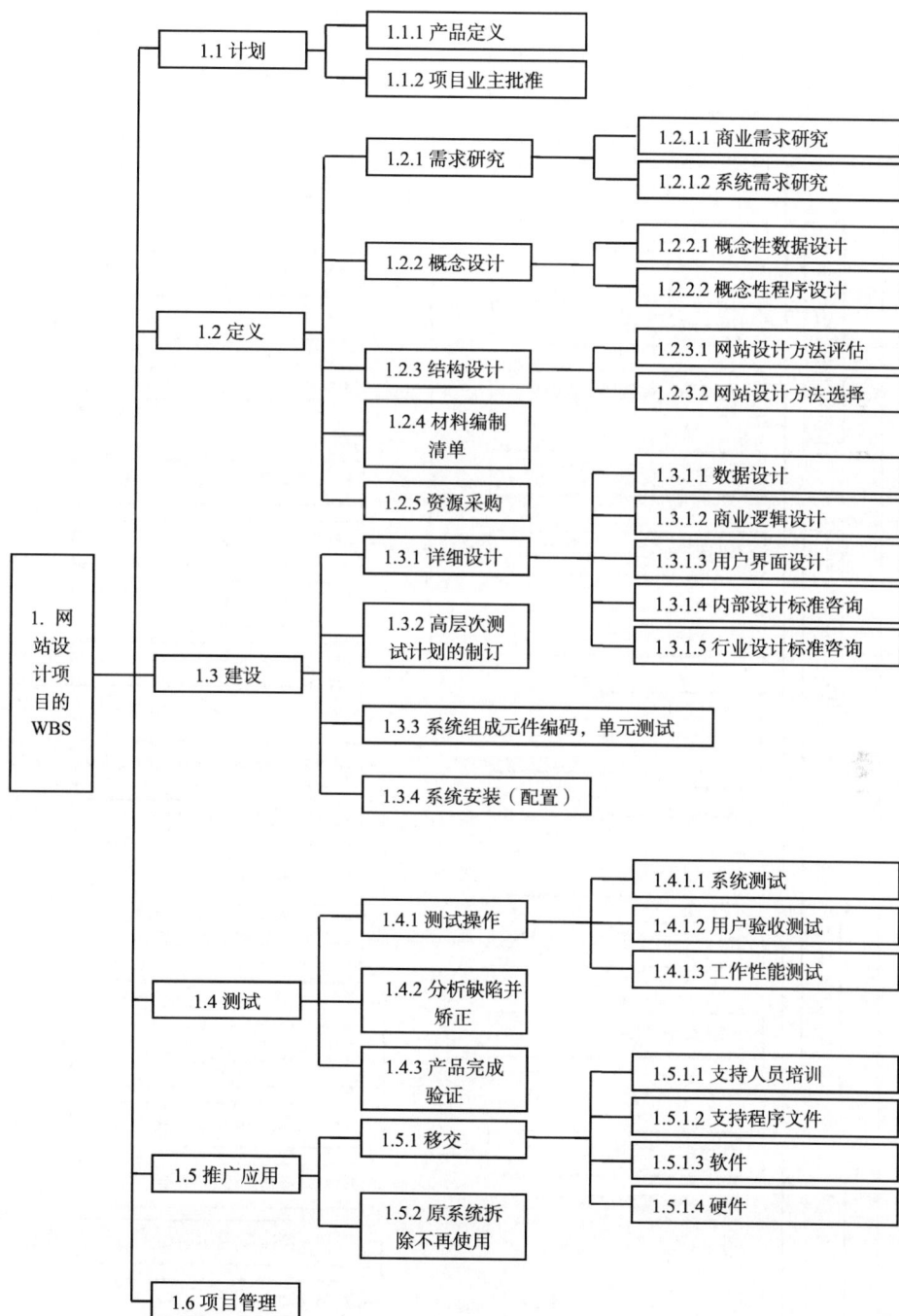

```
1. 网站设计项目的WBS
├─ 1.1 计划
│   ├─ 1.1.1 产品定义
│   └─ 1.1.2 项目业主批准
├─ 1.2 定义
│   ├─ 1.2.1 需求研究
│   │   ├─ 1.2.1.1 商业需求研究
│   │   └─ 1.2.1.2 系统需求研究
│   ├─ 1.2.2 概念设计
│   │   ├─ 1.2.2.1 概念性数据设计
│   │   └─ 1.2.2.2 概念性程序设计
│   ├─ 1.2.3 结构设计
│   │   ├─ 1.2.3.1 网站设计方法评估
│   │   └─ 1.2.3.2 网站设计方法选择
│   ├─ 1.2.4 材料编制清单
│   └─ 1.2.5 资源采购
├─ 1.3 建设
│   ├─ 1.3.1 详细设计
│   │   ├─ 1.3.1.1 数据设计
│   │   ├─ 1.3.1.2 商业逻辑设计
│   │   ├─ 1.3.1.3 用户界面设计
│   │   ├─ 1.3.1.4 内部设计标准咨询
│   │   └─ 1.3.1.5 行业设计标准咨询
│   ├─ 1.3.2 高层次测试计划的制订
│   ├─ 1.3.3 系统组成元件编码，单元测试
│   └─ 1.3.4 系统安装（配置）
├─ 1.4 测试
│   ├─ 1.4.1 测试操作
│   │   ├─ 1.4.1.1 系统测试
│   │   ├─ 1.4.1.2 用户验收测试
│   │   └─ 1.4.1.3 工作性能测试
│   ├─ 1.4.2 分析缺陷并矫正
│   └─ 1.4.3 产品完成验证
├─ 1.5 推广应用
│   ├─ 1.5.1 移交
│   │   ├─ 1.5.1.1 支持人员培训
│   │   ├─ 1.5.1.2 支持程序文件
│   │   ├─ 1.5.1.3 软件
│   │   └─ 1.5.1.4 硬件
│   └─ 1.5.2 原系统拆除不再使用
└─ 1.6 项目管理
```

图 5-10 网站建设 WBS 图

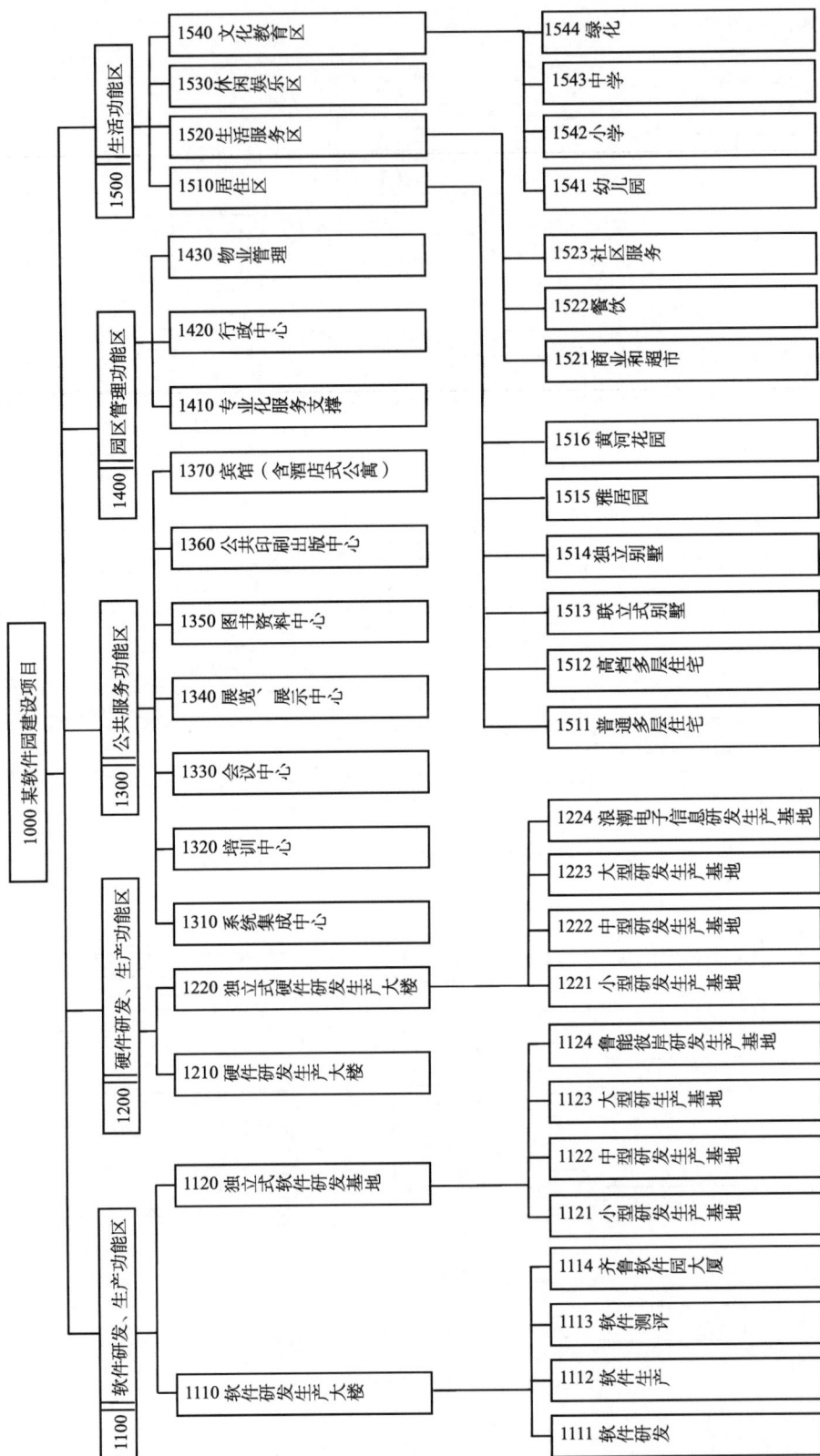

图 5-11　某软件园结构图

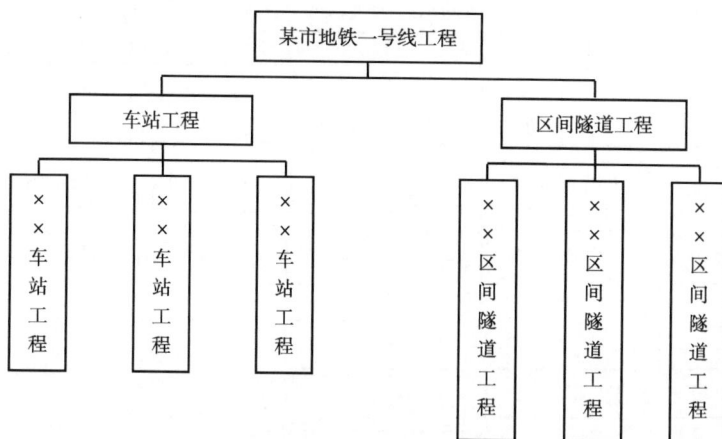

图 5-12　地铁车站和区间隧道分别发包相应的项目结构

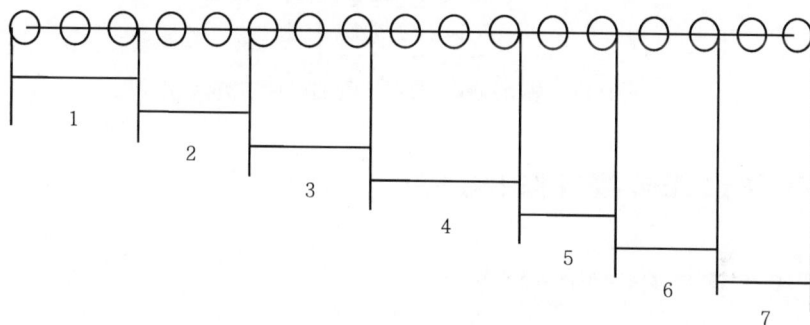

图 5-13　一个地铁车站和一段区间隧道，或几个地铁车站和几段区间隧道作为
一个标段发包

由于图 5-12 中的项目结构在施工时交界面较多，对工程的组织与管理可能不利，较多的地铁工程则用图 5-13 所示的发包方式，其 WBS 如图 5-14 所示。

综上所述，项目结构分解并没有统一的模式，但应结合项目的特点和参考以下原则进行。

（1）考虑项目进展的总体部署。

（2）考虑项目的组成。

（3）有利于项目实施任务（设计、施工和物资采购）的发包和有利于项目实施任务的进行，并结合合同结构。

（4）有利于项目目标的控制。

（5）综合项目管理的组织结构等。

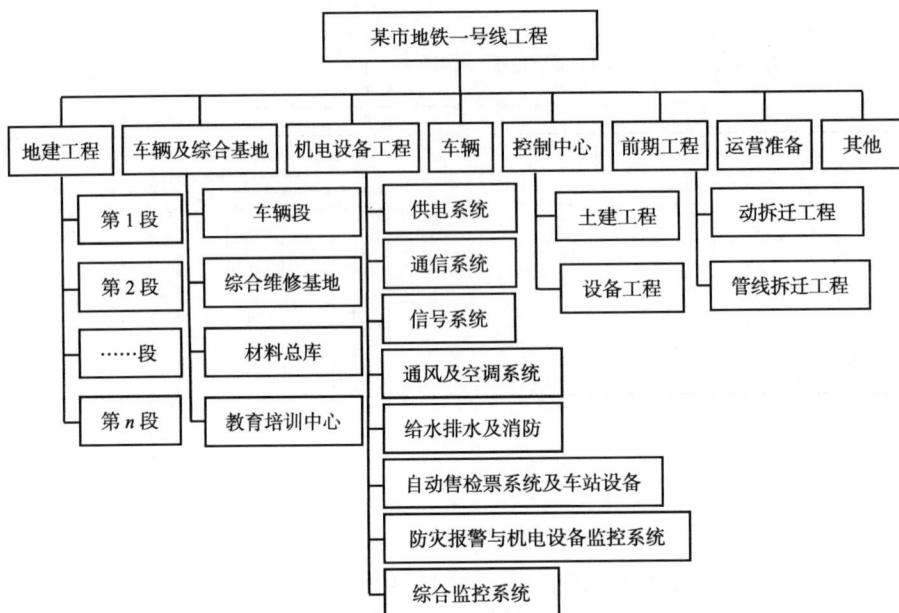

图 5-14　某市地铁一号线工程的项目结构图

5.5　工作责任分配矩阵的建立

5.5.1　工作责任分配矩阵简介

工作责任分配矩阵是一种将 WBS 与项目组织结构建立起关联关系的结构。它是把所分解的工作任务落实到项目有关部门或个人，并明确表示出他们在组织工作中的关系、责任和地位的一种方法和工具。工作责任分配矩阵是一种矩阵图，它在WBS 的基础上建立，以表格形式表示完成 WBS 中每项活动或工作所需的人员。一般情况下，它以工作元素为行、组织单元为列；矩阵中的符号表示项目工作人员在每个工作单元中的参与角色或责任。工作责任分配矩阵建立在项目 WBS 和项目组织确定之后，是项目工作的落实环节，也是项目计划控制和考核的依据。

工作责任分配矩阵明确表示出每项工作由谁负责、由谁具体执行，并且明确了每个人在整个项目中的地位。工作责任分配矩阵还系统阐明了个人与个人之间的相互关系，使组织和个人能够充分认识到在与他人配合当中应承担的责任，充分、全面地认识到自己的全部责任。

在项目实施过程中，如果某项活动出现了错误，就很容易从工作责任分配矩阵中找出该活动的负责人和具体执行人，并且还可以针对某个子项目或某个活动分别制定不同规模的责任分配矩阵，如表 5-6 所示。

表 5-6 制造机器人项目的工作责任分配矩阵

任务编号	任务名称	李军	马里	王月	刘己	王克	张书	朱良	杨坤	吴云	赵新	魏杏	何明
1000	机器人	P											
1100	整体设计		P		S								
1110	系统工程			S		P							
1120	专业测试			P				S					
1200	电子技术						P			S			
1210	设备控制						P	S					
1220	软件安装			S			P						
1300	机器人制造									P			
1310	制造工艺									P	S		
1311	工艺设计									P			
1312	构件加工			S							P		
1313	构件组装				S							P	
1320	生产控制						P						

注：P（President）表示主要负责人，S（Service）表示次要负责人。

5.5.2 工作责任分配矩阵的制定

工作责任分配矩阵是一种矩阵图。工作责任分配矩阵的编制步骤如下。

（1）确定 WBS 中所有最低层次的工作包，将其填在责任分配矩阵列中。

（2）确定所有项目参与者，填在责任矩阵的标题行中。

（3）针对每一个具体的工作包，指派个人或组织对其负全责。

（4）针对每一个具体的工作包，指派其余的职责承担者。

（5）检查责任矩阵，确保所有的参与者都有责任分派，同时所有的工作包都已经确定了合适的责任承担人。

工作任务参与类型有多种表示形式，如数字、字母或几何图形。常用的是用字母来代表工作参与角色或责任，项目管理中通常有八种角色和责任，分别如下。

X——执行工作　　　　D——单独或决定性决策　　　d——部分或参与决策

P——控制进度　　　　T——需要培训工作　　　　　C——必须咨询

I——必须通报   A——可以建议

如果用符号表示，实例如下。

▲——负责   ●——扶助   ○——审批

△——承包   □——通知

5.5.3　工作责任分配矩阵示例

表 5-7 是以符号表示的工作责任分配矩阵示例，表 5-8 是以字母表示的工作责任分配矩阵示例。

表 5-7　以符号表示的工作责任分配矩阵

组织责任者 WBS		项目经理	项目工程师	程序员
确定要求		○	▲	
设计		○	▲	
开 发	修改外购软件包	□	○	▲
	修改内部程序	□	○	▲
	修改手工操作流程	□	○	▲
测 试	测试外购软件包	□	●	▲
	测试内部程序	□	●	▲
	测试手工操作流程	□	●	▲
安装	完成安装新软件包	●	▲	
完成	培训人员	●	▲	

注：▲ 负责　　　○ 审批　　　● 辅助　　　△ 承包　　　□ 通知

表 5-8　以字母表示的工作责任分配矩阵

个人与部门 活动/任务名称	职能部门领导	管理者	团队领导	项目经理	项目支持办	地产管理者	网络管理者	信息技术	作业者	全体人员
召开项目定义会议	D	D	D、X	P、X	A	A	A	A	A	A
确定收益	D、X		X	P、X	X					
草拟项目定义报告	D	D、X		P、X	X	I	I	I	I	I

续表

个人与部门 活动/任务名称	职能部门领导	管理者	团队领导	项目经理	项目支持办	地产管理者	网络管理者	信息技术	作业者	全体人员
召开项目启动会议	X	X		P、X	X	X	X	X		
完成里程碑计划	D	D	D	P、X	X	C	C	C	A	C
完成责任图	D	D	D	P、X	X	C	C	C	A	A
准备时间估算			A	P	X	A	A	A		A
准备费用估算			A	P	X	A	A	A		A
准备收益估算	A	A	A	P						
评价项目活力	D	D	D	P、X						
评价项目风险	D	D	D、X	P、X	X	C	C	C	C	C
完成项目定义报告	D	D	D、X	P、X	X	C	C	C	C	C
项目队伍动员	D	D	D、X	P、X	X	X	X	L、X		I

注：X——执行工作　　　　D——单独或决定性决策　　d——部分或参与决策
　　P——控制进度　　　　T——需要培训工作　　　　C——必须咨询
　　I——必须通报　　　　A——可以建议

复习思考题

一、判断题

1. 项目范围的变化一般不会影响项目的成本、进度、质量或其他项目目标。
（　　）

2. 在项目范围定义中，要对项目的工作任务进行分解。　　　　（　　）

3. 项目范围说明书是项目范围定义的工作结果。　　　　　　　（　　）

4. 项目章程是由项目经理签发的。　　　　　　　　　　　　　（　　）

5. 在进行工作结构分解编码时，应保证编码的唯一性。　　　　（　　）

6. 对 WBS 图中的各个结点进行编码并不能简化项目实施过程中的信息交流。
（　　）

7. 工作责任分配矩阵提供了哪项任务应由谁完成的信息。　　　（　　）

二、单选题

1. 下列有关项目范围的表述正确的是（　　）。

   A. 确定项目施工地点的范围

   B. 确定项目利益相关者和施工地点的范围

   C. 确定项目要做的工作

   D. 确定项目产品的范围

2. 编制项目的计划时，首先必须要做的工作是（　　）。

   A. 编制工作责任分配矩阵　　　　　B. 编制 WBS 图

   C. 编制甘特图　　　　　　　　　　D. 编制行动表

3. 项目范围定义经常使用的工具是（　　）。

   A. WBS　　　　　　　　　　　　　B. 需求分析

   C. 可行性研究　　　　　　　　　　D. 网络图

4. WBS 的目的是（　　）。

   A. 对完成项目所需工作的描述　　　B. 制定风险计划

   C. 项目团队成员进行沟通　　　　　D. 估算项目工作量的多少

5. 工作包是（　　）。

   A. 最低层次工作分解结构的可交付成果

   B. 具有唯一标识的任务

   C. 报告的要求水平

   D. 可以被分配到一个以上组织单位的任务

6. 工作责任分配矩阵确定（　　）。

   A. 项目团队如何介入项目　　　　　B. 项目团队何时介入项目

   C. 项目团队为什么介入项目　　　　D. 项目团队在项目中的责任

7. 项目经理可以用（　　）来使团队成员清楚地了解他们所承担的各项任务所包括的工作内容。

   A. 项目工作范围　　　　　　　　　B. 项目章程

   C. WBS　　　　　　　　　　　　　D. 风险管理计划

8. 每个团队成员完成的各自独立的工作子项目管理中被称为（　　）。

   A. WBS 中最低水平上的可交付产品

   B. 有着特殊标识符的工作任务

   C. 必要的报告水平

   D. 可以分配给多个工作单元的任务

9. 假设你是一位项目经理，管理着一个医疗数据库系统项目。公司有专业的编程人员负责设计程序，但是你需要从外部购买硬件。项目中负责合同管理的人员告诉你，需要向承包商提供一份产品描述，这个产品描述也被称做（　　）。

A. 工作说明　　　　　　　　　B. 合同范围说明书

C. 项目章程　　　　　　　　　D. 合同

10. 你被任命为一个新项目的经理，需要编制一份项目计划。为了给项目提供整体框架，你决定准备一个 WBS 来说明工作的复杂程度和工作量的大小。但是，现在没有现成的 WBS 模板可供利用。为准备 WBS，你要做的第一步是（　　）。

A. 为每个项目的交付成果确定成本和持续时间

B. 确定项目的主要交付成果

C. 明确每个项目交付成果的构成

D. 明确要执行的主要任务

三、多选题

1. 对于下列（　　）活动范围定义是有必要的。

A. 项目完工时的评价

B. 改善成本、时间及资源估计的准确性

C. 确定项目计量及控制的基准

D. 明确责任分配

2. 下列关于项目范围规划的表述中错误的是（　　）。

A. 项目范围规划提供了范围变更控制的基准

B. 项目范围规划提醒项目团队将来可能发生的问题

C. 项目范围规划提供了项目绩效方面的信息

D. 项目范围一旦确定，就不能更改

3. 项目结构分析的主要工作包括（　　）。

A. 项目的结构分解　　　　　　B. 项目单元的定义

C. 进度计划　　　　　　　　　D. 项目单元之间逻辑关系的分析

4. 在一个项目中，WBS 从四级减少到三级会带来的结果包括（　　）。

A. 估计精确度降低　　　　　　B. 对项目更好的控制

C. 报告成本降低　　　　　　　　D. 有些事物很可能成为泡影

5. 下面有关工作包的表述正确的有（　　）。

   A. 工作包代表某个工作水平上的工作单元

   B. 工作包是工作分解结构的最底层

   C. 不能确定实际的预算与资源需求

   D. 工作包单元的周期应是最长的周期

6. 下面表述正确的有（　　）。

   A. WBS 图中工作包应是相互独立的、内容单一的并易于进行核算检查的任务

   B. WBS 是制订项目计划的首要工作

   C. WBS 的层次越多越好

   D. WBS 是制订进度等计划的基础

四、思考题

1. 如何制定项目范围说明书？

2. 项目范围规划的依据、工具与方法以及结果有哪些？

3. 项目范围定义的依据、工具与方法以及结果有哪些？

4. 项目范围分解的依据、工具与方法以及结果有哪些？

5. 如何制定项目 WBS？

6. 如何建立项目工作责任分配矩阵？

7. WBS 的方法有哪些？

五、案例分析

案例一

营销部门签署了一个合同,但是合同中只描述了大概的范围框架。谈合同期间,用户也无法对范围框架进行具体的描述。

合同签署之后,就着手进行项目的开发工作,开发出雏形之后,用户 A 就开始有了他的想法。考虑到项目的后续验收都要经过用户 A 的签字,所以项目组还是按照需求变更流程的做法让用户 A 签字,避免影响后续工作,用户 A 也配合该工作。

随着工作的深入开展,用户 A 的想法也越来越多,逐渐超出了合同谈判期间

的大概范围(站在用户的角度来说,他认为这些需求就是本次合同里面的大概范围)。

由于合同谈判期间未将范围定义好,在项目开展 2 个月已能正常使用的情况下,与顾客的期望成果越来越不相符。

问题:

1. 该项目在范围管理方面存在哪些问题?原因何在?
2. 如何对项目范围进行定义?
3. 如何进行项目范围变更的控制?
4. 你认为该项目的前景如何?

案例二

张三丰毕业后,应聘到一家银行工作,为客户提供理财服务,其服务对象主要是年轻的白领。因为性格自由散漫,不愿意受拘束,经过认真思考,张三丰决定自己创业。两年后,张三丰注册了自己的公司,主要业务是承担策划和组织客户的婚礼,他利用原来的客户群,很快打开了局面。

张三丰对客户的承诺是:您只需要来参加婚礼,其他的任何事情由我们来考虑。为了实现这个目标,张三丰成立了一个项目组,专门对"婚礼"项目的主要工作进行分析,试图开发一个详细的"婚礼"项目工作列表,为客户提供专业化的婚礼服务。为了让分析更全面、更专业,张三丰还请来了一位最近刚举行完婚礼的朋友来介绍结婚的流程,同时在很早前他就给项目组下达了收集市场上婚礼承办公司信息的任务,包括大致流程、定价等情况。今天他打算召集项目组开一个会,就这个工作列表进行讨论。婚礼的流程包括哪些方面?怎么才能避免重要事项的遗漏?张三丰知道,要达到公司所承诺的目标,需要非常详细的计划,可能需要比现在市场上其他的婚礼承办公司考虑更多的细节。

他的想法是先让有操办婚礼经验的员工大致列出婚礼流程,再综合其他人收集的资料进行完善,至于特色和创新,也许可以采用"头脑风暴法"来集思广益。婚庆行业对于张三丰来说虽然不是一个非常陌生的行业,不过对于细节上的考虑还是有点让他头痛的。

问题:

1. 该项目主要工作应该包括哪些?
2. 应该用何种方法来构造该项目的 WBS?
3. 请讨论构造项目的 WBS 是一项复杂的工作吗?你对这项工作有何体会?

第6章

| 项目范围控制与验收

本章学习目标

　　本章主要讲述项目范围控制与项目范围验收的相关知识，包括：项目范围变更的原因、依据、工具与技术、结果；项目范围变更控制的原则和流程；项目范围验收的依据与基准、流程、工具与技术以及结果。

　　重点掌握：项目范围控制、项目范围验收的工具与技术；项目范围变更控制系统。

　　一般掌握：项目范围控制、项目范围验收的依据以及结果；项目范围验收的基准。

　　了解：项目范围变更的原因；项目范围变更控制的原则、流程。

引导案例

如何管理项目范围变更

小李是国内某知名 IT 企业的项目经理，负责西南某省一个企业管理信息系统建设项目的管理。在该项目合同中，简单地列出了几条项目承建方应完成的工作，据此小李自己制定了项目的范围说明书。甲方的有关工作由其信息中心组织和领导，信息中心主任兼任该项目的甲方经理。可是在项目实施过程中，有时是甲方的财务部直接向小李提出变更要求，有时是甲方的销售部直接向小李提出变更要求，而且有时这些要求是相互矛盾的。面对这些变更要求，小李试图用范围说明书来说服甲方，甲方却动辄引用合同的相应条款作为依据，但是要么这些条款不够明确，要么小李跟他们有不同的理解。因此，小李为这些变更要求不能简单地接受或拒绝而左右为难，他感到很沮丧。如果不改变这种状况，项目完成就遥遥无期。

案例资料来源：杨侃，等. 项目设计与范围管理[M]. 北京：电子工业出版社，2013.

【案例点评】该案例是一个项目变更控制的典型例子。作为乙方的项目经理，小李首先应该将项目的范围说明书与各方确定好，如果把握好了这一关，就等于确定了管理基准，项目的各项目标和终点就会很明确，就不会出现案例中提到的项目完成遥遥无期的情况；同时可以避免项目变更完全没有依据的情况。其次，在变更过程中，小李可以建议变更请求统一接口提出，统一归口到甲方的项目经理处，先由甲方的项目经理收集，再由甲乙方项目经理、甲方各部门业务代表等共同组成的 CCB（变更控制委员会）统一评估、审核后再实施，这样可以使各方对项目变更有一个清晰的理解和预期。再者，项目经理也可以应用本书中提到的利益相关者分析的流程和方法，针对甲方的项目经理、财务部和销售部进行利益需求和影响程度的分析，制定有效的沟通管理流程，尽量在沟通中处理好利益相关者存在的需求冲突。对利益相关者的利益关系实现预控才能掌握主动，而不是等到利益相关者提出需求后才来处理利益相关者之间的关系，不至于在工作中被动。

6.1　项目范围控制

在项目执行时，进度、费用、质量以及客户需求等各种因素的变化都会导致项目范围的变化；同时，项目范围的变化又会要求上述各方面做出相应的变化。因此，必须对项目进行整体的控制和管理。项目变更控制是对项目存在的或潜在的变化，采取相应的策略和方法予以处理的过程。

项目范围变更是指为使项目朝着有益方向发展而调整某些因素所引起的项目范围发生变化的过程。项目范围控制是指对造成项目范围变更的因素施加影响，并控制这些变更造成的后果。项目范围变更控制是指项目范围发生变化时，对其采取的检查和纠偏的活动过程，即用事先确定的项目整体变更控制的组织架构和规范化程序来控制范围变更。项目范围变更控制的目的是使项目实施朝着既定目标发展，避免出现超支、超时和质量下降等问题。

即使项目的范围计划制订得非常好，但是在项目开展的过程中不作出任何改变是不可能的。而且依照惯例，合同赋予业主在合同范围内进行变更的权力。因此，对变更的管理是项目经理必备的素质之一。变更本身并不可怕，可怕的是缺乏规范的变更管理过程。项目经理在管理过程中必须通过监督绩效报告、当前进展情况来分析和预测可能出现的范围变更，在发生变更时遵循规范的变更程序来管理变更。项目管理体系中包含一套严格、高效、实用的变更程序，这对管理好项目至关重要。其过程主要包括：提出范围变更申请、审核范围变更申请、批准范围变更申请以及范围变更后的工作。项目范围变更及控制不是独立的，因此在进行项目范围控制时，必须同时全面考虑对其他因素或方面的控制，特别是对时间、费用和质量的控制。

项目范围控制的主要工作如表 6-1 所示。

表 6-1　项目范围控制的主要工作

依　据	工具与技术	结　果
项目范围说明书	范围控制系统	范围变更文件
项目 WBS	偏差分析	纠正措施文档
项目范围管理计划	进度报告	经验教训文档
绩效报告与工作绩效信息	计划调整	调整后的基准计划
批准的变更请求		

6.1.1　项目范围变更的原因

在工程项目实施过程中，项目合同赋予业主有权在合同范围内对工程进行变更的权力，这是一种惯例。这种变更可能增加某些工作，也可能从合同中删去某些工作，或对某些工作进行修改、变动，或改变施工方式方法，或改变业主提供的材料和实施数量及规格等。

项目范围变更是项目变更的一个方面，是指在实施合同期间发生的项目工作范围的改变。范围变更的请求可能有不同的来源，以不同的形式出现。项目范围变更的原因主要有以下几方面。

（1）项目的外部环境，如政府颁布新的法令法规，国家通货膨胀，竞争对手生产出了新产品等。

（2）新的生产技术、手段或方案的使用等，对项目会产生较大的影响。如在项目开始后提出了制订项目范围管理计划时尚未出现的、可以大幅度降低费用的新的技术。

（3）在项目范围计划和定义时出现了错误和遗漏，如在设计企业信息系统时未考虑到移动互联网的广泛使用。

（4）项目团队本身发生变化，如人事变动、组织结构调整等。

（5）业主对项目或项目产品的要求发生变化，如高校教务管理系统软件开发项目，考虑到在学分制条件下的应用，而提出的新要求。

鉴于上述原因，项目范围变更是不可避免的。但是，无论是业主方还是承包方都不希望项目范围任意改变，也不愿意看到项目范围无限制扩大。因此，项目范围变更控制是项目利益相关者都关心的问题。

6.1.2　项目范围变更控制的原则

项目范围变更控制包括以下几个方面：首先，当项目范围必须变更时，批准并确认范围变更发生；其次，当实际变更发生时对变更进行管理；最后，对范围变更的因素施加某种影响，以保证变更朝着有利于项目目标实现的方向发展。

实际工作中，项目范围变更控制必须与其他控制过程相结合，如时间、费用、进度等控制过程。

研究和经验表明，运用变更控制系统对项目范围变更进行管理的时候，为了取得最佳的控制效果，还应该遵循以下原则。

（1）项目变更管理过程应该尽早开始，最好在项目启动阶段结束时就开始。

（2）预先确定项目经理可以控制的范围变化上限，项目经理可以批准那些对项目没有影响或者影响很小的变更。

（3）所有的变更请求都应该提交给项目经理，而且最好是以变更请求表的形式。

（4）项目经理负责协调与变更请求有关的所有活动。

（5）所有的变更请求都需要经过后果分析。

（6）项目经理应及时将这些变更通知给项目团队和相关项目利益相关者。

（7）项目团队成员不能单方面进行变更。

（8）对变更请求应做翔实的记录，以备项目经理定期总结。

（9）在项目状况报告中应简要描述变更请求对项目的影响。

（10）注意沟通的技巧。由于变更可能影响不同的项目利益相关者，作为变更管理者，项目经理需要采用各种沟通技巧来使项目利益相关者接受变更管理计划。

（11）主动监控变更请求记录表，让项目团队成员可以随时查询变更管理计划。

（12）在变更请求记录表中记录决定或者行动方案。

（13）确定一个解决争议的办法，以应付变更管理计划无法解决的变更请求。

6.1.3　项目范围控制的依据

项目范围控制的依据如下。

（1）项目范围说明书。项目范围说明书与对应的 WBS 和 WBS 词典一起确定项目的范围基准和产品范围。

（2）项目 WBS。项目 WBS 是确定项目范围的基准，它定义了完成项目所需的所有工作任务，如果实际工作超出或没有达到 WBS 的要求，就认为项目的范围发生了变化。这时，就要对 WBS 进行修改和调整。

（3）项目范围管理计划。项目范围管理计划是指对可能扩大或缩小项目的范围所提出的申请。项目范围的变更申请可以采取很多形式，如口头的或者书面的、直接的或者间接的、从内部开始的或从外部开始的。

（4）绩效报告与工作绩效信息。绩效报告提供了项目工作绩效的信息，如已完成的中间可交付成果。

（5）批准的变更请求。批准影响项目范围的变更请求是由批准的项目范围说明书、WBS 与 WBS 词典共同决定，并经各方同意后对项目范围基准的一种修正。

6.1.4　项目范围控制的工具与技术

1. 项目范围控制系统

进行项目变更控制必须经过项目范围变更控制系统。项目范围变更控制系统是一套事先确定的修改项目范围时应该遵循的程序，它规定了项目范围变更的基本控制程序、控制方法和控制责任等，其中包括必要的表格和其他书面文件、责任跟踪和变更审批制度、人员以及权限、范围文件系统、项目执行跟踪系统、偏差系统、项目范围变更申请和审批系统等。表 6-2 所示的需求变更申请表就是其中一种书面文件格式。项目范围变更控制系统应该与全程变更控制系统结合在一起使用，尤其要与适合于控制产品范围的系统结合在一起。在项目执行过程中，要对项目的进展情况进行监控，对实际与计划之间的偏差进行分析，如果偏差不利于项目目标的完成，就要及时采取纠偏措施。项目范围的变更会引起成本、进度、质量等项目目标的变化，因此，项目范围变更控制系统应该与项目的其他变更控制系统结合使用，以此对项目进行整体管理。当项目按照合同执行时，项目范围变更控制系统必须按所有相关的合同规定执行。

表 6-2 需求变更申请表

申请日期		需求变更内容的关键词	
申请人		归属 WBS 编码	
变更内容			
变更理由			
对其他工作包的影响及其所需资源			
申请人评估		负责人评估	
若不变更，负责人批复意见			
若变更，那么			
优先级		编号		执行人		结束时间	
负责人				负责人签发日期			

项目范围变更的程序如下。

（1）变更请求。业主、承包商与咨询工程师都可以就合同工作范围提出变更请求。

业主提出变更，通常是出于提高项目的质量和使用功能方面的考虑。如一个教学大楼的项目，业主要求在每个教室增加监控系统。

承包商要求变更主要是从便于施工和生产上考虑，或者是现有的施工技术条件与设计上的要求相冲突，或者原来设计上的缺陷被发现，同时也要考虑在满足基本功能的前提下，尽量不增加费用和工期。如工程建设项目本来要求采用某项技术，但生产技术设备无法顺利到现场施工，出于成本方面的考虑，只能采用其他工艺设备。承包商提出变更请求，除了详细说明变更原因外，还需要说明变更对项目的影响（特别是对费用和进度的影响）。

咨询工程师提出变更，通常是发现了原有设计中的缺陷而必须修改。修改工作可以由原设计师完成，也可以令承包商去实现。

（2）变更的审查和批准。对项目工作范围的任何变更，变更提出方都要通知业主，在取得业主同意后，由设计、承包商、业主三方签字后发布正式的工程变更通知。

一般来说，批准工作范围变更的原则包括：变更不能降低产品的使用功能和质量标准；变更工作在技术上是可行的；业主同意支付变更所造成的费用增加；变更不能对项目的工期产生严重的不利影响。

（3）编制变更文件和发布变更通知。变更文件一般由变更通知和变更通知附件组成。变更通知一般包括以下内容：变更通知的编号和签发日期；项目名称和合同号；变更原因和变更具体内容说明（变更依据的合同条款）；变更产生的费用变化；设计工程师签字；承包商签字；业主最后审核签字。

值得一提的是，费用在变更工作中是最敏感的因素。承包商希望在变更工作开始前就能够确定变更费用，其主要目的是将变更费用定位的主动权抓到自己手里，因为一旦工作完成，便失去了讨价还价的筹码。而业主则希望先开始实施变更工作，再协商费用问题，以免延误工期。为了避免这方面的矛盾，一般都提前在承包合同中有所约定。

变更通知附件通常包括变更工作的工程量表、设计资料、设计图纸以及与变更相关的其他文件。

2. 偏差分析

所谓偏差分析，就是将项目实施结果测量数据与范围基准相比较，判断评价偏差的大小并判断造成偏离范围基准的原因，以及决定是否应当采取纠正措施，这是项目范围控制的重要工作。

3. 进度报告

进度报告需要反映项目已经发生的任何变化，而且为了采取有效措施以及控制项目范围变化，进度报告还需说明导致范围变化的原因。

4. 计划调整

项目的范围随时都可能发生变化，很少有项目能严格按计划实施。在充分认识这一客观事实的基础上，为了有效进行项目范围的变更和控制，就要根据范围的变动来随时调整、补充原有的 WBS 图，并以此为基础，建立多个可选的、有效的计划更新方案。

6.1.5　项目范围控制的结果

1. 项目范围变更文件

项目范围变更经常会涉及到成本、进度、质量和其他项目目标的调整。项目范围变更一旦确定，就要对有关的项目文件进行更新，并将项目范围变更的信息和相应的文件及时通知或发送给相关的项目利益相关者。

2. 纠正措施文档

为了完成预定的项目目标，项目团队要对执行过程中的偏差采取有效的纠正措施，并形成文档。纠正措施有两种情况：一是根据项目的执行情况，采取措施消除偏差的影响，使项目的进展情况与计划一致；二是根据经过审批后的项目范围要求采取一些纠正措施。

3. 经验教训文档

项目范围变更后，项目团队要把各种变更的选择纠正措施的理由以及从范围变更控制中得出的经验教训等用书面的形式记录下来，将其作为历史资料的一部分，并作为项目团队继续执行该项目以及今后执行其他项目提供参考。

4. 调整后的基准计划

项目范围变更后，必须根据项目范围变更文件相应地修改项目的基准计划，从而反映已批准的变更，并作为未来变更控制的新基准。

5. 项目范围说明书（更新）

如果批准的变更请求对项目范围有影响，则项目范围说明书在修改之后重新发布，以便反映该批准的变更。更新的项目范围说明书变成了将来变更的新项目的范围基准。

6. WBS（更新）

如果批准的变更请求对项目范围有影响，则 WBS 在修改之后重新发出，以便反映该批准的变更。

7. WBS 词典（变更）

如果批准的变更请求对项目范围有影响，则 WBS 词典在修改后重新发布，以便反映该批准的变更。

8. 请求的变更

项目范围控制的结果可能会提出变更请求，这些变更请求按照项目整体变更控制过程审查和处置。

9. 组织过程资产（更新）

偏差产生的原因、选定纠正措施的理由，以及从项目范围控制中吸取的其他类型的教训，均在组织过程资产历史数据库中记载并更新。

10．项目管理计划（更新）

如果批准的变更请求对项目范围有影响，则相应的部分文件与项目管理计划的费用基准和进度基准在修改之后重新发布，以便反映该批准的变更。

6.1.6 项目范围变更控制的流程

对项目范围变更进行控制时，要以项目范围说明书、项目 WBS、项目范围管理计划、绩效报告与工作绩效信息、批准的变更请求为依据。变更请求可以是口头的或书面的、直接的或间接的，可以来自项目外部也可以来自项目内部，可以是法律要求的也可以是项目组织选择的。除紧急情况外，口头变更必须形成书面文件之后才能受理，才能开始启动范围变更程序。图 6-1 是实际项目管理中常用的一种项目范围变更控制流程。

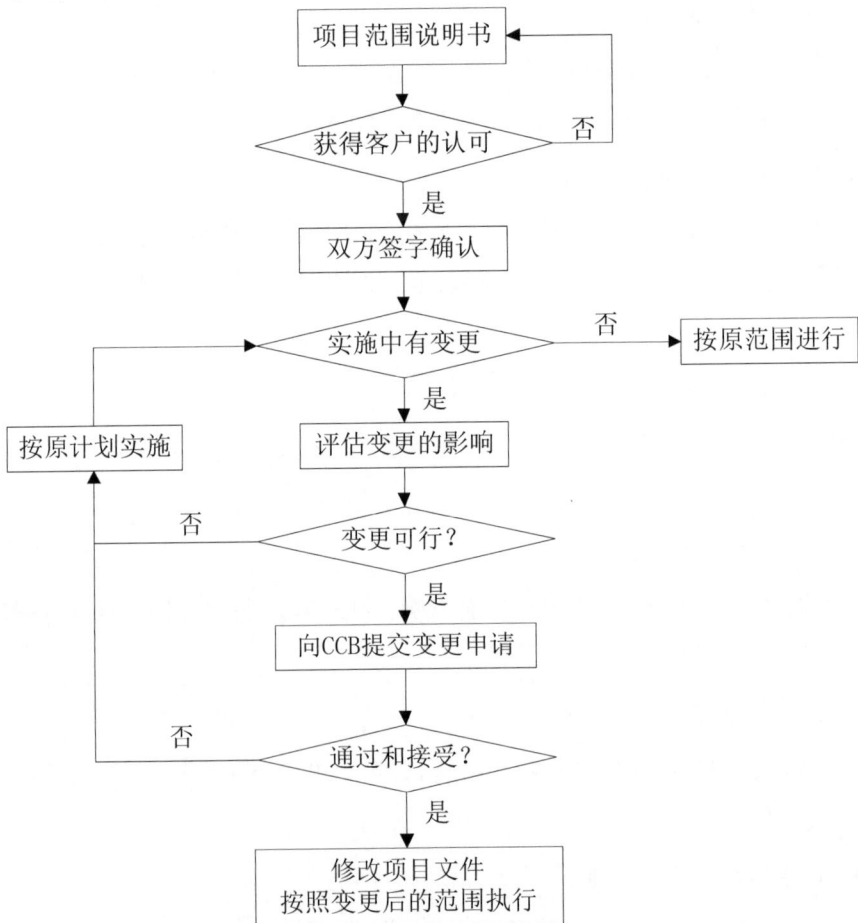

图 6-1　项目范围变更控制的流程

6.2　项目范围验收

项目范围验收是项目利益相关者对已完成的项目范围与相应的可交付成果正式验收的过程，即项目利益相关者最终认可和接受项目范围工作的过程。

在项目范围验收工作中，要对项目范围定义的工作结果进行审查，确保项目范围包含了所有的工作任务。项目范围验收可以针对一个项目的整体范围进行确认，也可以针对某个项目阶段的范围进行确认。项目范围验收要审核项目范围界定工作的结果，确保所有的、必需的工作都包括在项目 WBS 中，而一切与实现目标无关的工作均不包括在项目范围中，以保证项目范围的准确。

项目范围的验收工作包括两方面的内容：一是审核项目范围界定工作的结果，确定所有的、必需的项目工作和活动都包括在项目 WBS 中，而一切与项目无关的工作和活动均不包含在项目范围中；二是对项目或者项目各个阶段所完成的可交付成果进行检查，审核项目是否按计划或者超计划完成。如果项目提前终止，则项目范围核实过程应当查明并记载完成的水平与程度。项目范围验收不同于质量控制，只表示业主是否接受完成的工作成果，质量控制一般先于范围验收进行，但两者也可以同时进行。

项目范围验收一般在每个项目生命周期各阶段的收尾过程中进行，此外，在项目执行中的过渡项目可交付成果也应该被核实。

所有的项目利益相关者都应该核实项目范围，知道项目的范围是什么、项目将要交付的成果是什么。

项目范围验收的主要工作如表 6-3 所示。

表 6-3　项目范围验收的主要工作

依　据	工具与技术	结　果
完成的工作依据	项目范围检查表	验收的可交付成果
有关的项目文件	项目分解结构检查表	请求的变更
第三方的评估报告	雷达图	推荐的纠正措施
工作分解		

6.2.1 项目范围验收的依据与基准

1．项目范围验收的依据

项目范围验收的依据主要有完成的工作成果、有关的项目文件、第三方的评估报告及 WBS。

（1）完成的工作成果。实施项目计划的内容之一是收集有关已完成工作的信息，并将这些信息编入项目进度报告中。完成工作的信息表明哪些可交付成果已经完成，哪些未完成，达到质量标准的程度和已发生的费用等。在工程项目建设生命周期的不同阶段，工作成果有不同的表现形式。

（2）有关的项目文件。用于描述项目阶段成果的文件必须随时可以得到并能用于对所完成的工程进行检查和考核。这些文件主要是指双方签订的项目合同，包括项目计划、规范、技术文件、图纸等。

（3）第三方的评估报告。第三方的评估报告是按照我国工程项目建设程序的有关规定，由具有独立法人资格和相应资质的实体或相应的机构，对项目产生的工作成果进行独立评价后做出的项目报告。如在项目决策阶段，视需要对可行性研究报告所做的项目评估报告。

（4）WBS。WBS 方法定义了项目的工作范围，因此，它是验收项目工作范围的依据。

2．项目范围验收的基准

在审核项目工作范围的时候，项目团队根据项目范围基准进行审查。项目范围基准是项目范围管理计划的主要成果，其主要作用在于构成项目范围核实和监控的基线。项目范围基准包括以下方面。

（1）项目范围说明书。项目范围说明书包括产品范围描述和项目可交付成果，并定义客户对产品的验收标准。

（2）WBS。WBS 定义了交付成果与工作包的逻辑关系。

（3）WBS 词典。WBS 词典对每个工作包管理要素和技术规范作了详细说明。

3．项目范围管理规划验收的审核指标

审核项目范围管理规划的过程有点像过筛子，每过一道筛子就会筛掉一些杂质，最后剩下的才是既有必要又可行的工作范围。项目范围管理规划的审核指标通常包括六项内容，如图 6-2 所示。

图 6-2　项目范围的验收

（1）项目的目标宗旨是否正确和准确完善。一些项目的目标宗旨从一开始就是错误的。例如，一开始就以从银行讨钱为宗旨，根本就没有把社会利益放在眼里。还有些项目的目标宗旨并没有错，但是表达不准确。审核项目目标的尺度，是项目主要利益相关者的价值观和利益，如果一个项目的目标不符合利益相关者的价值观或无法实现他们的利益，那么为实现这个目标所制订的所有工作计划都是没有必要的，也是不可行的。

（2）项目的假设前提是否合理和符合实际。世界上任何计划都离不开假设前提。比如，你想开一个餐厅，餐厅开多大，卖什么食品，雇用多少员工，首先取决于对消费者喜好和客流量的判断；每天大约能有多少客人来就餐，他们喜好什么口味，每人平均消费多少钱，这些估计就是餐厅规划的假设前提，如果这个假设前提不符合实际，餐厅的整个规划就是空中楼阁，其命运可想而知。如果把一个项目的计划比做一座建筑，那么假设前提无疑就是它的地基，地基若是歪了，上面的计划必然也是歪的。

（3）项目的约束限制是否合理和符合实际。上述前提假设是对客观条件的判断，这里的约束条件是指人为设置的限制，如项目的时间期限、质量标准、成本预算这三条边界形成的空间能否容得下计划中的工作范围。

（4）项目的任务指标是否可行且切实有效。项目范围计划中所含的工作是否完成是需要具体的指标来测量的。这其中隐含了两个问题：一是工作指标是否可行，如果不可行则成为不可能完成的任务；二是指标的标准能否有效地衡量工作的结果，如果用重量指标来测量时间跨度，永远也不会得出有意义的结论。

（5）投入产出效益分析的结果是否合算。项目范围计划的工作任务越多，产出可能越多，但是投入也会随之增加。投入和产出就像一把剪刀的两瓣刃，独立存在没有意义，审核范围管理规划的最佳指标是两者之比值，就是效益。效益不但体现了投入和产出的函数关系，同时也反映了两者动态比值的导数指标，如果资源投入的增长幅度超过了效益产出的增长幅度，就说明项目范围管理规划的扩大是不合算的。因此，效益指标是检验项目工作必要性的量化尺度。

（6）项目的风险评估结果是否能够承受或规避。项目范围管理规划的核心问题是工作的取舍，这又涉及效益和风险的比值，效益大于风险则采取，风险大于效益则舍弃。效益指标是项目立项的时候必须要考虑的，但是风险却常常为决策者所忽略，有些潜在的风险甚至在计划制订的过程中根本就没有被考虑到。因此，在项目范围管理规划审核时，再通过风险论证把一道关是必要的，不但要识别出那些被忽略的风险因素，同时也要对风险的后果和团队承担风险的能力进行评估。

6.2.2 项目范围验收的流程

对项目范围进行验收的工作应当由项目团队、客户和关键的项目利益相关者来进行。项目团队应该制定并能明确地说明项目结束或项目阶段成果的文件，并且对项目范围接受的准确度和满意度做出评估。如果是在项目的各个阶段对项目的范围进行验收工作，则还要考虑如何通过项目协调来降低项目范围改变的频率，以保证项目范围的改变是有效率和适时的。项目范围验收的一般步骤如下。

（1）确定需要进行范围验收的时间。

（2）识别范围验收需要哪些投入。

（3）确定范围正式被接受的标准和要素。

（4）确定范围验收会议的组织步骤。

（5）组织范围验收会议。

6.2.3　项目范围验收的工具与技术

项目范围验收的主要工具与技术是项目范围检查表、项目 WBS 检查表和雷达图。项目范围检查表从整体上对项目范围进行核查，如项目是否明确，目标因素是否合理，约束和假定条件是否符合实际等；项目 WBS 检查表主要是以 WBS 图为依据，检查项目交付物描述是否清楚，工作包分解是否到位，层次结构是否合理等。

1. 项目范围检查表

项目范围检查表的主要内容如下。

（1）项目目标是否完整和准确。

（2）项目目标的衡量标准是否科学、合理和有效。

（3）项目的约束条件、限制条件是否合理并符合实际。

（4）项目的假设前提是否合理，不确定性的程度是否较小。

（5）项目的风险是否可以接受。

（6）项目成功的把握是否很大。

（7）项目的范围界定是否能够保证上述目标的实现。

（8）项目范围所能产生的收益是否大于成本。

（9）项目范围界定是否需要进一步开展辅助性研究。

2. 项目 WBS 检查表

项目 WBS 表的主要内容如下。

（1）对项目目标的描述是否清楚明确。

（2）对项目产出物的各项成果描述是否清楚明确。

（3）项目产出物的各项成果是否都是为实现项目目标服务。

（4）项目的各项成果是否以 WBS 为基础。

（5）项目 WBS 中的工作包是否都是为形成项目成果服务。

（6）对项目目标层次的描述是否清楚。

（7）项目 WBS 的层次划分是否与项目目标层次的划分和描述相统一。

（8）项目工作、项目成果和项目目标之间的关系是否一致。

（9）项目工作、项目成果、项目分目标和项目总目标之间的逻辑关系是否正确、合理。

（10）项目目标的衡量标准是否有可度量的数量、质量或时间目标。

（11）项目 WBS 中的工作是否有合理的数量、质量和时间度量指标。

（12）项目目标的指标值与项目工作绩效的度量标准是否匹配。

（13）项目 WBS 的层次分解是否合理。

（14）项目 WBS 中各个工作包内容是否合理。

（15）项目 WBS 中各个工作包之间的相互关系是否合理。

（16）项目 WBS 中各项工作所需的资源是否明确、合理。

（17）项目 WBS 中各项工作的考核指标是否合理。

（18）项目 WBS 的总体协调是否合理。

3. 雷达图

雷达图是另一个有效的项目范围审核工具。它通过坐标直观地反映工作成果与目标业绩之间的差距，因为图形酷似雷达而被称为雷达图。利用雷达图可以使项目取得的成绩与要求的目标之间的差距一目了然，同时还可以看到工作各个方面完成情况之间的差距。此外，雷达图还能对涉及的各类数据进行相对量化的比较。

下面介绍在项目结果无法完全客观量化的情况下，应用雷达图评价项目结果的方法。这种方法强调用集体决策来达到评价结果的客观性以及达成各方共识。

（1）建立评价小组。范围审核过程一般有内部审核和外部审核两个阶段，因此评价小组可以来自团队内部，也可以由项目客户、专家和项目人员共同组成。

（2）确定评价标准。一般来说，项目要求的业绩在范围计划和范围定义阶段已经确定，但有时候还需要进一步分析已有的标准，以便得出全面的、量化的评价。

（3）绘制雷达图。在一张白纸上画一个大圈，有几个评价标准就画几个半径，在半径的外端写出评价标准的名称，再在每条半径上画出刻度，圆心标上 0，表示业绩毫无表现，半径与圆周的交点标上 10，代表和目标要求完全一致，如图 6-3（a）所示。

（4）确定每个得分标准的评价依据。例如，将得分分为 1～10 共十个等级，再给定各等级必须达到的要求，这些要求可以是量化的，如长度 1m，也可以是描述性的语言，如偶尔迟到。但在可能的情况下，尽量给出定量的要求。

（5）对各条评价标准进行打分。评价小组的各个成员都必须独立对评价项目打分，并把自己的打分标注在雷达图中相应评价项目的相应得分点上。最后，还要通过集体讨论得到一个统一的小组评分，或者是将各个评分项目个人打分的平均分作为该项目的小组评分，并在雷达图上标出，如图 6-3（b）所示。

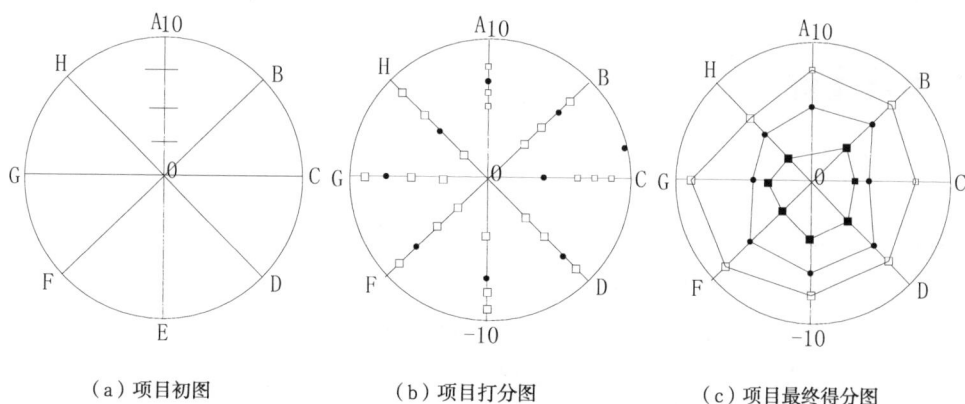

（a）项目初图　　　　　　（b）项目打分图　　　　　（c）项目最终得分图

图 6-3　雷达图

（6）将各项目评分中的个人最低分、个人最高分、小组评分用不同的符号区别成三组，再用线段将各组的符号连接起来，如图 6-3（c）所示。

通过以上步骤，项目评价小组就可以得到一个项目完成情况与项目要求间差距的直观描述。

另外，还有其他的验收项目或者验收各个阶段可交付成果的方法，如观察法、测量法、测试法和检验法等。

6.2.4　项目范围验收的结果

项目范围验收的结果即对项目范围定义工作的接受，同时还要编制经项目利益相关者确认并已经接受的项目范围定义和项目阶段性工作成果的正式文件。这些文件应该分发给有关的项目利益相关者。如果项目范围没有被项目利益相关者确认，则项目宣告终止。

（1）验收的可交付的成果。范围验收过程记载了已完成并经过验收的可交付成果。已经完成但尚未验收的可交付成果也被记载下来，并附有未验收的理由。项目范围验收包括收到的顾客或赞助人的证明文件，并记载利益相关者验收项目可交付成果的事实。

（2）请求的变更。在范围验收过程中可能提出变更请求，并通过整体变更控制过程进行审查与批准。

（3）推荐的纠正措施。纠正措施是为了保证项目将来的绩效符合项目管理计划而提出的并形成了文件的建议。成果应是被推荐的用于针对变更的纠正措施。

复习思考题

一、判断题

1. 项目范围确认可以针对一个项目整体的范围进行确认，也可以针对某一个项目阶段的范围进行确认。   （   ）

2. 项目在发生变更时，必须马上把这些变更付诸于项目工作之中。   （   ）

3. 偏差分析是项目范围验收的工具。   （   ）

4. 在整个项目范围变更控制系统中，在项目的前期进行范围变更控制系统的设计是最重要的。   （   ）

5. 如果一个项目出现了比较小的范围变更，则不需要执行正规的变更管理流程。   （   ）

6. 项目范围的变化一般不会影响项目的成本、进度、质量或其他项目目标。
                                                                       （   ）

7. 项目执行时只要出现偏差就要采取纠偏措施。   （   ）

二、单选题

1. 项目范围变更申请可以是（   ）。

   A. 口头的或者书面的   B. 直接的或者间接的

   C. 由外部或内部引发的   D. 以上各项皆是

2. 项目范围确认关心的是（   ）。

   A. 改善项目成本和进度的精确性

   B. 检查项目交给客户前的最后活动

   C. 记录项目产品或服务的特征

   D. 接受而不是纠正项目范围定义的工作结果

3. 一个项目的目标变更已经完成，现在项目经理正在更新项目技术文件，下一步需要做的工作是（   ）。

   A. 通知项目的项目利益相关者

   B. 通知公司的管理系统

   C. 从该项目的发起人和客户那里得到正式的认可

   D. 准备一份业绩报告

4. 项目范围验收的一项重要特点是（　　）。

A. 改进成本估算

B. 通知公司的管理系统

C. 从该项目的发起人和客户那里得到正式的认可

D. 准备一份业绩报告

5. 下列不属于项目范围变更的工具和技术的是（　　）。

A. 项目范围变更控制系统

B. 核查表

C. 范围计划调整

D. 偏差分析

6. 你在管理一个电信项目，由于政府最近出台了一项新的规定，你不得不改变原定的项目范围，对项目目标做了几个变更，并更新了项目中使用的技术和计划文件。你下一步要做的是（　　）。

A. 正式通知项目利益相关者

B. 修改公司的知识管理系统

C. 从项目发起人和客户那里获得对范围变更的正式承认

D. 准备一个业绩报告

7. 你正负责管理一个视频游戏的项目。上个月客户已经签署项目需求说明和范围说明。但是现在她提出了一项范围变更要求。她希望把这个游戏做成一种电视和电脑上都能玩的互动游戏。这种范围变更至少会表现在（　　）方面。

A. 修改工作分解结构已经确定的项目范围

B. 导致所有项目基线的变更

C. 需要对成本、时间、质量以及其他目标进行调整

D. 得到一个经验教训

8. （　　）需要书面变更命令。

A. 所有的项目，无论大小

B. 只有大的项目才需要

C. 那些有一个合适的、正式的、范围变更管理系统的项目

D. 那些变更控制系统的成本可以调节的项目

9. 在变更控制中项目计划很重要是因为项目计划（　　）。

　　A. 提供了变更管理的基准线

　　B. 提供了有关项目业绩的信息

　　C. 警示项目团队在将来可能产生问题的方面

　　D. 被预期在整个项目过程中变更

10. 你们团队设计了一个材料清单来定义项目的工作构成，而没有采用你推荐的 WBS。一个客户注意到这个清单中没有涵盖项目范围变更的需求，后来这一变更需求被补充了进去。这是一个由下列（　　）因素引起变更要求的具体事例。

　　A. 一个外部事件

　　B. 产品范围定义中的错误或疏漏

　　C. 一项增值变更

　　D. 项目范围定义中的错误或疏漏

三、多选题

1. 下列选项中属于项目范围变更控制的工具和技术的是（　　）。

　　A. 项目范围变更控制系统

　　B. 核检表

　　C. 绩效测量

　　D. 范围计划调整

2. 项目范围变更的原因有（　　）。

　　A. 项目范围计划出现了遗漏

　　B. 项目团队提出了新的技术

　　C. 项目外部环境发生了变化

　　D. 客户需求发生了变化

四、思考题

1. 项目范围控制的依据有哪些？

2. 项目范围控制的工具有哪些？

3. 项目范围控制的结果有哪些？

4. 项目范围验收的步骤是什么？

5. 项目范围验收的结果是什么？

6. 什么是项目范围变更控制系统？

7. 项目范围变更控制与项目变更总体控制是什么关系？项目范围变更控制的主要内容是什么？

五、案例分析

案例一

李雷手上有一个系统开发项目，项目客户是一家从事房地产开发的企业，由于前任项目经理请假的原因，现在由李雷接手负责这个项目。项目交接时，前项目经理表示目前项目所有配置都已经完成，并且项目实施人员已经和他们信息中心的人员把所有的配置都已配置好，就差培训了。可真正开始培训的时候，客户的老总又来检查他们的所有设置，包括各个表单字段等，并且提出一些原系统上没有的需求，这样就造成需要更改的东西非常多。

这个项目本身是一个小项目，目前公司这边催进度，客户那边又不断提出各种小问题，李雷感觉一团糟。

问题：

1. 该项目存在哪些问题，如何改进？

2. 对于项目范围变更要求，该如何控制？

案例二

陈工为某系统集成公司项目经理，负责某国有企业信息化项目的建设。陈工在带领项目成员进行业务需求调研期间，发现客户的某些部门对于需求调研不太配合，时常上级推下级，下级在陈述业务时经常因为工作原因在关键时候被要求离开去完成其他工作，而某些部门对于需求调研只是提供一些日常票据让其进行资料收集，为此陈工非常苦恼。勉强完成了需求调研后，项目组进入了软件开发阶段。在软件开发过程中，客户经常要求增加某个功能或对某个表进行修改，这些持续不断的变更给软件开发小组带来了巨大的修改压力，甚至提到该项目软件开发成员就感觉没动力。项目期间由于客户需求变更频繁，陈工采取了锁定需求的办法，即在双方都确认变更后，把变更内容一一列出，双方盖上公司印章生效。然而，这样做还是避免不了需求变更，客户的变更列表要求对方遵守承诺，客户却认为这些功能是他们要求的，如果需要新的变更列表，他们可以重新制作并加盖印章。

陈工对此很无奈。最终在多次反复修改后，项目勉强通过验收。而陈工对于该项目的后期维护仍然感到担忧。

问题：

1. 该项目在开发之前是否存在问题？为什么？

2. 陈工应该如何进行项目范围变更的控制？

参考文献

[1] 白思俊. 现代项目管理[M]. 升级版. 北京：机械工业出版社，2013.

[2] 杨侃. 项目设计与范围管理[M]. 2 版. 北京：电子工业出版社，2013.

[3] 项目管理学会. 项目管理知识体系指南[M]. 5 版. 许江林，等译. 北京：电子工业出版社，2013.

[4] 中国（双法）项目管理研究委员会. 中国项目管理知识体系[M]. 2 版. 北京：电子工业出版社，2006.

[5] 丁荣贵. 项目管理：项目思维与管理关键[M]. 北京：机械工业出版社，2005.

[6] 戚安邦，张连营. 项目管理概论[M]. 北京：清华大学出版社，2008.

[7] （美）凯西·施瓦尔贝. IT 项目管理[M]. 6 版. 杨坤，王玉，译. 北京：机械工业出版社，2013.

[8] 戚安邦. 项目管理学[M]. 天津：南开大学出版社，2003.

[9] （美）杰弗里·宾图. 项目管理[M]. 2 版. 鲁耀斌，等译. 北京：机械工业出版社，2010.

[10] 贾宗元. 需求识别与项目识别[R]. 项目报告资料，2013.

[11] 骆珣. 项目管理教程[M]. 北京：机械工业出版社，2006.

[12] 黄旭. 战略管理：思维与要径[M]. 2 版. 北京：机械工业出版社，2013.

[13] 赛秀云. 项目管理[M]. 北京：国防工业出版社，2012.

[14] 鲁耀斌. 项目管理——过程、方法与实务[M]. 大连：东北财经大学出版社，2011.

[15] 池仁勇. 项目管理[M]. 北京：清华大学出版社，2009.

[16] 白思俊. 现代项目管理概论[M]. 2 版. 北京：电子工业出版社，2013.

[17] 冯俊文，高朋，王华亭. 现代项目管理学[M]. 北京：经济管理出版社，2009.

[18] 宋伟. 项目管理学[M]. 北京：人民邮电出版社，2008.

[19] 杨宝玲，栾志强. 现代项目管理[M]. 北京：中国人民公安大学出版社，2009.

[20] 张卓，等. 项目管理[M]. 北京：科学出版社，2005.